AUSGEWÄHLTE DOKTORDISSERTATIONEN
DER
LEIPZIGER JURISTENFAKULTÄT.

DIE
UMWANDLUNG EINER AKTIENGESELLSCHAFT
IN EINE
GESELLSCHAFT MIT BESCHRÄNKTER HAFTUNG.

VON

DR. IUR. PAUL GERHARD MÜLLER.

LEIPZIG,
VERLAG VON VEIT & COMP.
1896.

Nach der für die Leipziger Juristenfakultät bestehenden Promotionsordnung ist die Drucklegung der Dissertation keine Vorbedingung der Promotion, und die Fakultät hat die Überzeugung, daß eine Prüfungsarbeit gut und ein vollgültiges Zeugnis der wissenschaftlichen Bildung ihres Verfassers sein kann, ohne daß ihr der allgemeine Wert zukommt, welcher ihre Veröffentlichung wünschenswert macht.

Doch hat die Fakultät es stets als einen Übelstand empfunden, daß eine nicht unbedeutende Zahl von ihr approbierter Dissertationen, welche die Wissenschaft fördern, theils gar nicht zum Druck gelangen, theils ohne Bezeichnung ihrer Eigenschaft als Doktorschrift veröffentlicht worden sind. Daher ist die Einrichtung getroffen worden, daß derartige Dissertationen unter den Auspizien der Fakultät veröffentlicht werden können. Die Thätigkeit der Fakultät wird sich dabei auf die Feststellung der Druckwürdigkeit beschränken; sie übernimmt keine Verantwortung für den Inhalt im Einzelnen.

Die Arbeiten erscheinen in selbständigen Heften und sind einzeln verkäuflich.

Leipzig, im Juli 1893.

Die juristische Fakultät:
Dr. J. E. Kuntze,
d. z. Dekan.

AUSGEWÄHLTE DOKTORDISSERTATIONEN
DER
LEIPZIGER JURISTENFAKULTÄT.

DIE

UMWANDLUNG EINER AKTIENGESELLSCHAFT
IN EINE
GESELLSCHAFT MIT BESCHRÄNKTER HAFTUNG.

VON

DR. JUR. PAUL GERHARD MÜLLER.

LEIPZIG,
VERLAG VON VEIT & COMP.
1896.

Druck von Metzger & Wittig in Leipzig.

Inhalt.

1*

Kapitel III.

Gründungsstadium der Gesellschaft mit beschränkter Haftung.

Kapitel IV.

Die Umwandlung als Ganzes.

Litteraturverzeichnis.

Oechelhäuser, Memorandum an die Preußischen Handelskammern und kaufmännischen Korporationen. Dessau 1888.

Ring, Rechtsform. Eine Rechtsform für Kolonialgesellschaften von Viktor Ring in Busch's Archiv. Bd. XXXXVIII.

Goldschmidt, Handbuch. Handbuch des Handelsrechtes von Dr. L. Goldschmidt. 1874.

Goldschmidt, Formen. Alte und neue Formen der Handelsgesellschaft. Vortrag von Dr. L. Goldschmidt. Berlin 1892.

Gierke, Die Genossenschaftstheorie und die deutsche Rechtsprechung von Otto Gierke. 1887.

Förtsch, Gesetz, betreffend die Gesellschaften mit beschränkter Haftung. Erläutert von R. Förtsch. Leipzig 1892.

Neukamp, Das Reichsgesetz, betreffend die Gesellschaften mit beschränkter Haftung. Erläutert von Ernst Neukamp. Berlin 1893.

Mot., Entwurf eines Gesetzes, betreffend die Gesellschaften mit beschränkter Haftung nebst Begründung und Anlagen. Amtliche Ausgabe. Berlin 1891. Verlag von Franz Vahlen.

Ring, Das Reichsgesetz, betreffend die Kommanditgesellschaften auf Aktien und die Aktiengesellschaften. Erläutert von Viktor Ring. Berlin 1893.

W., Wochenschrift für Aktienrecht und Bankwesen. Herausgegeben von Dr. Paul Holdheim.

Wi., Windscheid, Lehrbuch des Pandektenrechts. Frankfurt a. M. 1887.

Renaud, Das Recht der Aktiengesellschaften von Achilles Renaud. Leipzig 1875.

Komm. Bericht, Bericht der Reichstagskommission vom 15. März 1892 über den Gesetzentwurf, betreffend die Gesellschaften mit beschränkter Haftung.

R.G., Entscheidungen des Reichsgerichts in Civilsachen.

Anderweite Abkürzungen:

§ = § des Gesetzes, betreffend die Gesellschaften mit beschränkter Haftung, vom 20. April 1892.
Art. = Artikel des Handelsgesetzbuches.
H.G.B. = Handelsgesetzbuch.
m. b. H. = mit beschränkter Haftung.

Einleitung.

Das Gesetz, betreffend die Kommanditgesellschaften auf Aktien und die Aktiengesellschaften vom 18. Juli 1884 sollte den Mißbräuchen, die auf dem Gebiete dieser Gesellschaftsformen entstanden waren, Abhilfe schaffen. Daneben ging eine breitere reformatorische Strömung, die das Gesellschaftswesen überhaupt, in der Gestalt, wie es in Deutschland Rechtens geworden war, zum Gegenstande hatte. In Theorie und Praxis hatte sich die Überzeugung Bahn gebrochen, daß für die Vereinigung von Intelligenz und Kapital gesetzlich noch nicht die Formen, die ihre Ausnutzung in besonders hohem Maße gestatteten, geschaffen wären. Zwar hatten die bisherigen Gesellschaftsarten (offene Handelsgesellschaft, Aktiengesellschaft u. s. w.) den landläufigen Bedürfnissen entsprochen, und es war auch durch die Genossenschaftsgesetzgebung vom Jahre 1889 Wünschen in bestimmter Richtung Rechnung getragen worden, allein nach den Seiten hin, wo andere als die gesetzlich festgestellten Zwecke der Genossenschaft in Frage kamen, blieb die Forderung nach Erweiterung des Gesellschaftrechtes unerfüllt. Und doch war sie, da die Vielseitigkeit des wirtschaftlichen Lebens immer mehr darauf hindrängte, unabweislich. So hatte die Gesetzgebung in richtiger Erkenntnis bereits den Kolonialgesellschaften eine gesonderte Stellung im Rahmen des Gesellschaftsrechtes gewährt. (Gesetz vom 15. März 1888.) Aber nicht nur für überseeische Unternehmungen, sondern auch für das inländische Verkehrsleben wurde in der Praxis und in den die Gesetzgebung bestimmenden Kreisen das dringende Bedürfnis empfunden, jener Forderung gerecht zu werden. Das Ziel der Wünsche war die Schaffung einer Gesellschaftsform, die die Vorzüge der Aktiengesellschaft ohne ihre komplizierte Organisation gewähren und zugleich die Möglichkeit darbieten sollte, ihr einen individualistischen Charakter aufzuprägen. (Öchelhäuser. Ring, Rechtsform.)

Es war notwendig, sich mit der Lösung dieser Frage näher vertraut zu machen, da man wahrnahm, wie die Form der Aktiengesellschaft in steigendem Maße auf Unternehmungen Anwendung fand, die ihrer Natur widersprachen und für die die Form der Aktiengesellschaft nur ein notgedrungener Behelf war. Denn aus der geschichtlichen Entwicklung, wie aus der rechtlichen Gestaltung der Aktiengesellschaft erhellt, daß sie zwar ein sehr weites, aber immerhin ein Anwendungsgebiet von bestimmtem Charakter hat.

(Vergl. hierzu und zum folgenden: Goldschmidt, Handbuch I, 1. Goldschmidt, Alte und neue Formen.)

Die Aktiengesellschaft beruht auf dem Grundgedanken veräußerlicher und vererblicher Anteile, die zugleich die Haftungsgrenze darstellen. Sie hat ihren ursprünglich publizistischen Charakter, wenn auch in stets abnehmendem Maße, bis in die Neuzeit bewahrt, während sie umgekehrt unter stetem Wachstume auf den Boden des reinen Privatrechtes verpflanzt worden ist. Damit hat sich naturgemäß ihr Anwendungsgebiet verschoben. Ursprünglich (im XIV. Jahrhundert) bedurfte sie staatlicher Genehmigung, stand unter Staatsaufsicht und diente Staatszwecken (Bank von Genua); später (im XVII. Jahrhundert) wurde sie zu hauptsächlich überseeischen Unternehmungen verwandt, die entsprechend ihrer Bedeutung eine hervorragende Unterstützung der betreffenden Staaten genossen und das Interesse dieser in hohem Maße erweckten (Handelskompagnien von Holland, England), während sie erst mit der völligen Freigabe der Aktienvereinsbildung die Verbindung mit dem Staate, sei es in Form des Oktroi-, Konzessions- oder Publizitätssystemes löste und in die Reihe der anderen auf reinem Privatrechte stehenden Gesellschaftsformen trat. Sie hat also im Laufe ihrer geschichtlichen Entwicklung meistens gewaltigen wirtschaftlichen Unternehmungen gedient, mit denen das Interesse einer Stadt oder eines Staates in hohem Grade verknüpft war.

Diese Züge ihrer hohen Abstammung lassen sich auch in ihrer heutigen Gestalt noch erkennen. Zwar steht sie rechtlich mit ihren Genossinnen, den anderen Handelsgesellschaften, auf gleicher Stufe, aber in ihrem Anwendungsgebiete ist sie sich, wenn auch nicht gleich, so doch ähnlich geblieben. Denn der rechtliche Aufbau der Aktiengesellschaft wird von dem Grundgedanken beherrscht, daß es sich um solche Unternehmungen handelt, die nur durch Heranziehung weiter Kreise des Publikums zu stande kommen. Hierauf weisen insbesondere die auf runde Beträge lautenden, grundsätzlich frei veräußerlichen Anteile hin, die einen steten Wechsel der Mitglieder gestatten und deshalb durch Vermittlung von Banken und Börsen dem großen Publikum den Erwerb und die Abgabe der Mitgliedschaft leicht ermöglichen. Des weiteren deutet die ganze Regelung des Verhältnisses der Mitglieder zur Gesellschaft und untereinander, der umständliche und kostspielige Gründerhergang und weitläufige Verwaltungsapparat darauf hin, dass diese Gesellschaft nur große Kapitalien in Umlauf setzen will, wodurch naturgemäß dem einzelnen Mitgliede eine nur untergeordnete Rolle zukommt. Der Erwartung, daß die Aktiengesellschaft ihrer rechtlichen Gestaltung entsprechend nur großen Kapitalsvereinigungen dienen werde, verleihen auch die Motive zu dem bestehenden Aktiengesetze Ausdruck. Jedoch haben sich diese Vermutungen, wie die folgende Zeit lehrte, nicht bestätigt. Denn während das Durchschnittskapital der bestehenden Aktiengesellschaften in dem Zeitraume von 1870 bis 1884 gegen das vor dieser Zeit erheblich gesunken war, fiel es noch mehr nach dem Jahre 1884. (Vergl. Gutachten des Ausschusses des deutschen Handelstages in Mot., S. 125.)

Daraus ergab sich denn, daß die Aktiengesellschaften entgegen ihrer Natur und Form auf einem Anwendungsgebiete angelangt waren, auf dem die Mittel Einzelner völlig ausreichend gewesen wären, um die beabsichtigten Zwecke zu erreichen. Diesem privaten Charakter der Aktiengesellschaften begegnet man in einer Anzahl typischer Beispiele. Hierher gehören die Aktiengesellschaften, die aus offenen Handelsgesellschaften hervorgegangen sind und insbesondere aus solchen, die sich auf Grund von Familienangehörigkeit gebildet hatten. Die Ursache dazu findet man in dem Bedürfnisse, die unbequeme unbeschränkte Haftung mit einer weniger gefahrvollen, beschränkten zu vertauschen. Eine andere Klasse von Mißbildungen auf diesem Gebiete stellen die Aktiengesellschaften dar, die zur Herstellung geselliger Klubs oder Gesellschaftshäuser von religiösen Vereinen oder studentischen Vereinigungen gegründet sind. Diesen Erscheinungen liegt die Thatsache zu Grunde, daß derartige Unternehmungen sich mangels besserer Rechtsformen in die Gestalt der Aktiengesellschaft zwängen lassen mußten. Man sieht hier auf den ersten Blick, daß das weite, für große Verhältnisse zugeschnittene Gewand der Aktiengesellschaft nicht für solche Zwerggestalten paßt, vielmehr ihnen nur in ihrer gesunden Entwicklung hinderlich ist. Da also geeignete Gesellschaftsformen fehlten, so wurde die Aktiengesellschaft zu Zwecken benutzt, die mit ihrer geschichtlichen Entwicklung sowohl, als auch mit ihrer rechtlichen Konstruktion im Widerspruche standen.

So war dem Gesetzgeber Anregung genug gegeben, den Fremdlingen auf dem Gebiete der Aktiengesellschaften einen Boden zu schaffen, auf dem sie sich zweckentsprechend entwickeln konnten. Denn sie etwa auf die Formen der Kommanditgesellschaft und Kommanditgesellschaft auf Aktien zu verweisen, war nicht ratsam: bei der letzteren deshalb nicht, weil diese eine ebenso komplizierte Verwaltung wie die

Aktiengesellschaft aufweist; bei der ersteren zunächst aus dem Grunde nicht empfehlenswert, weil hier mindestens einer den Nachteil der offenen Handelsgesellschaft, die unbeschränkte Haftung, auf sich nehmen muß und den anderen Gesellschaftern eine nur untergeordnete Rolle zukommt, wodurch besonders in den Fällen sich ein Mißverhältnis ergiebt, bei denen der persönlich Haftende nicht Träger des Unternehmens ist und die übrigen nicht blos zur Kapitalsverstärkung herangezogen sind; sodann auch aus praktischen Gründen nicht ratsam, weil bei einer Kommanditgesellschaft, deren Geschäfte gut gehen, der Komplementar, wo die Geschäfte schlecht gehen, der Kommanditist das Gesellschaftsverhältnis kündigen wird, mithin eine dauernde Verbindung selten erreicht wird.

Diese Erwägungen führten zu einer neuen Gesellschaftsform. Von Anfang an gingen hierbei die Ansichten darüber auseinander, ob eine Gesellschaft auf individualistischer Basis zu erstreben oder mittels einer auf kollektivistischer Grundlage geschaffenen Vereinigung Abhilfe zu bringen sei. In geschickter Weise hat der Gesetzgeber es verstanden, in dem „Gesetz, betreffend die Gesellschaften mit beschränkter Haftung" vom 20. April 1892 nach beiden Seiten hin gerecht zu werden. Zwar ist die kollektivistische Grundlage dieser jüngsten Gesellschaftsform nicht zu verkennen; aber es ist doch den von der entgegengesetzten Seite erhobenen Wünschen in weitgehendstem Maße dadurch Rechnung getragen worden, daß zufolge dispositiver Bestimmungen die Möglichkeit geboten ist, im Zusammenhange mit der Nachschußpflicht eine Gesellschaft zu gründen, die der offenen Handelsgesellschaft fast gleicht. Umgekehrt ist es denkbar, daß dieses Gesetz zur Bildung einer Vereinigung benutzt wird, die von dem Firmenzusatze „mit beschränkter Haftung" abgesehen von einer Aktiengesellschaft schwer — für den Laien nicht — zu unterscheiden ist.

Dem Gesetzgeber hat es nun daran gelegen, daß dem Bedürfnisse, dem das Gesetz vom 20. April 1892 seine Entstehung verdankt, abgeholfen würde, d. h. einmal, daß die auf individualistischer Basis fußenden Gesellschaften, die sich in kapitalistische Vereinigungen umwandeln wollten, in Zukunft sich dieser neuen Gesellschaftsform bedienen würden; zum anderen, daß von der großen Zahl der Aktiengesellschaften diejenigen ausscheiden würden, die diese Form in Ermangelung einer besseren gewählt hatten, und gleichfallsdass neue Gesetz zur Anwendung bringen würden. Zwar bedurfte es für die Umwandlung einer offenen Handelsgesellschaft in eine Gesellschaft m. b. H. keiner besonderen Bestimmungen, da die Auflösung jener sich ohne besondere Schwierigkeiten herbeiführen läßt. Nicht so einfach aber konnte sich die Umwandlung einer

Aktiengesellschaft in eine Gesellschaft m. b. H. vollziehen. Schon die Auflösung ist so umständlich, daß viele Aktiengesellschaften den Segen der neuen Gesellschaftsform kaum erfahren würden, wenn für die Umwandlung nicht besondere Bestimmungen getroffen worden wären. Infolgedessen sind für solche Fälle besondere Normen in § 78 und § 79 aufgestellt worden, wodurch eine leichtere Umwandlung herbeigeführt werden kann. Ihnen ist um so mehr Bedeutung beizulegen, als sie in erster Linie ermöglichen, die Mißgriffe wieder gut zu machen, die durch das Fehlen einer geeigneten Gesellschaftsform früher entstanden waren.

Im folgenden sei

die Umwandlung einer Aktiengesellschaft in eine Gesellschaft mit beschränkter Haftung

in ihren thatsächlichen und rechtlichen Vorgängen einer näheren Erörterung unterzogen.

Vorbemerkung.

Über den Umfang des Verfahrens, das den Gegenstand der Erörterung bildet, ist zweierlei vorauszuschicken.

1. Wenn auch der Gesetzgeber bei einer Umwandlung einer Aktiengesellschaft in eine Gesellschaft m. b. H. dem Bedürfnisse nach Vereinfachung des Verfahrens nach Möglichkeit Rechnung tragen wollte, so hatte er doch kein Interesse daran, die Beteiligten zur Benutzung der gewährten Erleichterungen zu zwingen. Indem er in § 78 Abs. 1 bestimmte: „Wird eine Aktiengesellschaft zum Zwecke der Umwandlung in eine Gesellschaft mit beschränkter Haftung aufgelöst, so kann die Liquidation unterbleiben, wenn hinsichtlich der Errichtung der neuen Gesellschaft den nachstehenden Bestimmungen genügt wird“, ließ er die Frage über den einzuschlagenden Weg offen. Danach läßt sich jenes Ziel, nämlich die Umwandlung, erreichen mittels vorgängiger, den Vorschriften des H.G.B.'s entsprechender Liquidation und nachfolgender Neugründung, wenn auch mit Unterbrechung jeden rechtlichen Zusammenhanges zwischen den betreffenden Gesellschaften. Andererseits ist die Übertragung des Vermögens einer aufgelösten Aktiengesellschaft an eine andere Gesellschaft als Art der Ausführung der Liquidation an sich nicht ausgeschlossen (Mot., p. 115). Allein in beiden Fällen hindert die Vorschrift des Art. 245, Abs. 2 über die Einhaltung des Sperrjahres ein schleuniges Verfahren.

2. Ferner ist im voraus zu bemerken, daß die Umwandlung nach § 78 und § 79 allen Aktiengesellschaften schlechthin gestattet ist. Zwar wäre es von dem Gesichtspunkte aus, daß durch das Gesetz vom 20. April 1892 den nach dieser Zeit sich bildenden

wirtschaftlichen Vereinigungen die Möglichkeit geboten wäre, sich von Anfang an der neuen Gesellschaftsform zu bedienen und nicht erst die voraussichtlich weniger passende Aktiengesellschaft zu wählen, nicht undenkbar gewesen, die Zulässigkeit der erleichterten Umwandlung nur auf die vor jenem Zeitpunkte bestehenden Aktiengesellschaften zu beschränken oder — in Anbetracht anfänglicher Unkenntnis der wirtschaftlichen Vorzüge der neuen Gesellschaftsform — nur noch auf die etwa fünf Jahre nach dem 20. April 1892 errichteten Aktiengesellschaften zu erstrecken. Allein dann hätte man auch umgekehrt die Ansicht nicht von der Hand weisen können, daß die Erleichterung der §§ 78 und 79 überhaupt nur für eine bestimmte Zeit, etwa zehn Jahre lang, gewährt zu werden brauche, da in diesem Zeitraume sämtlichen Aktiengesellschaften Frist genug geboten wäre, sich endgiltig darüber zu entscheiden, ob sie sich der neuen Gesellschaftsform bedienen wollten oder nicht.

Indem der Gesetzgeber nach keiner von beiden Seiten hin Schranken setzte, erkannte er das Bedürfnis nach dauernder Erleichterung bei der Umwandlung an. Ihn bestimmte hierzu einerseits die Gewißheit, daß auch nach dem Inkrafttreten des Gesetzes vom 20. April 1892 nicht selten ein Fehlgriff bei der Wahl der Gesellschaftsform sich ergeben würde, und der Wunsch andererseits, in solchen Fällen dem Interesse sämtlicher Beteiligten, ohne große Kosten und Mühen die ihren Zwecken entsprechendere Gesellschaftsform zu erreichen, jederzeit zu dienen. (Kommissionsbericht zu § 78.) Demnach kann also jede bestehende und noch zu errichtende Aktiengesellschaft sich die in §§ 78 und 79 gebotenen Vorteile zu nutze machen.

Das ganz eigentümliche Verfahren bei einer derartigen Umwandlung, die sich kurz als die gesetzlich geregelte Verbindung der Auflösung einer Aktiengesellschaft mit der Neugründung einer Gesellschaft m. b. H. bezeichnen läßt, bildet ein einheitliches Ganzes. Dieses läßt sich in drei Stadien zergliedern:

1. Auflösungsstadium der Aktiengesellschaft,
2. Zwischenstadium,
3. Gründungsstadium der Gesellschaft m. b. H.

An diese wird sich die weitere Erörterung im einzelnen anschließen, während

4. die Umwandlung als Ganzes

dem Schlußkapitel vorbehalten bleibt.

Kapitel I.

Auflösungsstadium der Aktiengesellschaft.

A. Das Handelsgesetzbuch giebt in Art. 242 keine erschöpfende Aufstellung der Auflösungsgründe einer Aktiengesellschaft. Es führt dort, abgesehen von dem Falle der Konkurseröffnung, deren zwei auf, die an und für sich nicht durch die Natur der Vereinsform gegeben sind, sondern die kraft positiven Rechtssatzes aus statutarischen Bestimmungen ihre Daseinsberechtigung ableiten, nämlich die Auflösung durch Ablauf der im Gesellschaftsvertrage bestimmten Zeit und durch Beschluß der Generalversammlung. Der letztere Auflösungsgrund kommt bei der Umwandlung in Betracht. Der Umwandlungsbeschluß ist demnach zunächst ein Auflösungsbeschluß.

1. Damit der Auflösungsbeschluß rechtswirksam ist, muß er den vom Gesetze dafür vorgeschriebenen Bestimmungen genügen, insbesondere muß zuvörderst die Berufung der Generalversammlung eine ordnungsgemäße sein.

a. Für ihre Form ist neben Art. 237 Abs. 3, nach dem ein bestimmter Bruchteil von Aktionären gerichtlich zur Berufung ermächtigt werden kann, Art. 238 maßgebend. In ihm wird auf das Gesellschaftsstatut verwiesen, das in dieser Richtung Bestimmungen enthalten muß; denn Art. 209, der die notwendigen Erfordernisse des Statutes enthält, bestimmt in Abs. 2 Ziff. 6; daß in ihm „die Form, in welcher die Zusammenberufung der Generalversammlung der Aktionäre geschieht“, enthalten sein müsse. Wenn auch die Berufung durch öffentliche Blätter das regelmäßigere sein wird, so ist dies doch mit Ausnahme des bereits erwähnten Falles in Art. 237 Abs. 3 nicht nötig. Vielmehr kann sie, z. B. bei Gesellschaften mit Namensaktien, auch brieflich erfolgen. Stets aber muß sie so zeitig geschehen, daß zwischen ihr und der Generalversammlung eine Frist von mindestens zwei Wochen liegt und zwar würde diese, wenn eine mehrfache Bekanntmachung durchs Statut vorgeschrieben ist, von der letzten ab zu berechnen sein. (Sächs. O.L.G. 1886, S. 147.) Eine weitere Frist von mindestens zwei Wochen muß hinzutreten, wenn das Statut die Ausübung des Stimmrechtes in der Versammlung von der Hinterlegung der Aktien abhängig macht (Art. 238).

Bei der Berufung soll jederzeit der Zweck der Generalversammlung bekannt gemacht werden (Art. 238, 2). Wenn nun auch das instruktionelle „soll“ keinen Nichtigkeitsgrund im Falle der Unterlassung bildet, so haften doch gemäß Art. 226 Abs. 1 und 241 Abs. 2 die Mitglieder des Vorstandes und Aufsichtsrates für die Einhaltung jener Vorschrift. Dieser Pflicht haben sie im allgemeinen „bei der Berufung“ nachzukommen. Jedoch läßt das H.G.B. eine nachträgliche, mindestens eine Woche vor der Generalversammlung ergangene Bekanntmachung der Tagesordnung zu, sofern dies im Statute vorgesehen ist.

Der Zweck dieser Bestimmung ist, den Aktionären ausreichende Gelegenheit zu geben, sich vorher über die Beratungsgegenstände zu orientieren und Überrumpelungen zu vermeiden. Daraus ergiebt sich auch, daß die Tagesordnung insoweit genau festgesetzt sein muß, daß jeder Aktionär sich im allgemeinen über die zur Beratung stehenden Fragen klar werden kann. Es würde also die bloße Angabe: „Beschlußfassung über die Auflösung der Gesellschaft“ bei einer beabsichtigten Umwandlung nicht genügen. Unter allen Umständen müßte ein Zusatz des Inhaltes: „zum Zwecke der Umwandlung in eine Gesellschaft mit beschränkter Haftung“ hinzutreten. Denn wenn auch nicht die Einzelheiten einer etwaigen Umwandlung bereits in der Ankündigung entwickelt sein müssen, so muß die letztere doch den eigentlichen Zweck der Berufung erkennen lassen. Wäre also jener Zusatz weggelassen, so würde die Generalversammlung zwar die Auflösung beschließen können, es würde dieser aber die Liquidation des H.G.B.'s folgen und nicht das Umwandlungsverfahren Platz greifen. Über die beabsichtigte Umwandlung würde in einem solchen Falle nur beraten, nicht beschlossen werden können, denn der einzige, keiner Ankündigung bedürfende Beschluß ist der über die Berufung einer außerordentlichen Generalversammlung (Art. 238 Abs. 2).

b. Was die Folgen ordnungswidriger Berufung anlangt, so ist hier von besonderem Interesse der eben berührte Fall, daß bei Ankündigung der Tagesordnung nur der allgemeine Zweck: „Auflösung der Gesellschaft“ ohne die nähere Bezeichnung: „behufs Umwandlung in eine Gesellschaft mit beschränkter Haftung“ angegeben ist und daß in dieser Generalversammlung gleichwohl ein Beschluß über die „Auflösung zum Zwecke der Umwandlung“ zu stande gekommen ist. Wenn man der oben aufgestellten Ansicht zustimmt, daß die Ankündigung der Auflösung schlechthin nicht genügt, weil ‚Auflösung‘ und ‚Auflösung zum Zwecke der Umwandlung‘, wie auch unten (s. S. 20) noch näher zu begründen sein wird, zwei thatsächlich wie rechtlich ganz verschiedene Zustände hervorrufen (s. u. Kap. II, Ziff. I) und es daher sehr leicht denkbar wäre, daß die Aktionäre einer Auflösung behufs Umwandlung zustimmen, dieselben aber einer Auflösung mit folgender Liquidation die Zustimmung versagen würden und umgekehrt, so wird man auch die Berufung der Generalversammlung in Bezug auf den gefaßten Umwandlungsbeschluß beim Fehlen jenes Zusatzes als nicht ordnungsmäßig betrachten müssen.

An und für sich sollte nun eine gesetz- oder statutenwidrig berufene Aktionärversammlung überhaupt nicht als Generalversammlung gelten. Allein Art. 222 (190a) spricht gleichwohl von einer Anfechtung, die sich darauf gründet, daß die Berufung der „Generalversammlung" oder Ankündigung des Gegenstandes nicht gehörig erfolgt sei. Es geht also zunächst daraus hervor, daß eine „Generalversammlung" stattgefunden hat, sodann, daß deren Beschlüsse nicht nichtig sind, sondern zur Giltigkeit gelangen, sofern sie nicht angefochten werden. Im vorliegenden Falle kann demnach, wenn von keiner Seite der Umwandlungsbeschluß beanstandet wird und die übrigen Erfordernisse desselben erfüllt sind, das Verfahren nach §§ 78 und 79 angewandt werden. Denn die Prüfungsbefugnis des Registerrichters ist, da das Gericht nicht den Beruf hat, Beschlüssen die Giltigkeit zu versagen, die nicht gegen zwingendes Recht verstoßen und die kein Befugter bemängeln will, (Ring, Commentar, S. 581, 468) nicht eine derartige, daß der Antrag auf Eintragung der ‚Auflösung zwecks Umwandlung' nur aus dem Grunde nicht gehöriger Bekanntgabe der Tagesordnung zurückgewiesen werden könnte. Befugt aber zur Anfechtung ist außer dem Vorstand und den Mitgliedern, die ihren Widerspruch zu Protokoll erklärt haben, jeder nicht erschienene Aktionär, sofern er die Anfechtung auf die erwähnte mangelhafte Ankündigung gründet.

Die infolge ordnungsmäßiger Berufung zusammentretende Generalversammlung ist formell zuständig, über die angekündigte Umwandlung Beschluß zu fassen. Auch materiell steht ihr diese Befugnis zu. Denn die Generalversammlung ist begrifflich das Gesamtheitsorgan zur Äußerung eines Willensaktes der Gesamtheit durch auf Stimmenabgabe beruhenden Beschluß (R.G. Bd. XX, S. 120). Aus dem Wesen der Aktiengesellschaft aber folgt, daß, wie sie durch korperativen Willen aller Aktionäre entsteht, sie auch die Fähigkeit besitzt, durch eine Äußerung des Gemeinwillens ihre Geltung als Person freiwillig zu beenden. Daraus ergiebt sich die Kompetenz der Generalversammlung, die Auflösung zu beschließen. Während nun früher zu einem solchen Beschlusse die Einstimmigkeit der

Aktionäre als aus dem Wesen der Aktiengesellschaft folgend gefordert wurde (Renaud, S. 510), hat die Novelle vom 18. Juli 1884 aus Zweckmäßigkeitsgründen dem Selbstauflösungswillen schon dann Wirksamkeit verliehen, wenn der diesbezügliche Beschluß, sofern das Statut nicht erschwerendere Erfordernisse aufstellt, mit einer Dreiviertelsmehrheit des in der Generalversammlung vertretenen Grundkapitals gefaßt ist.

2. Der Umwandlungsbeschluß als Auflösungsbeschluß beendet die Aktiengesellschaft. Über die Dauer derselben konnten bereits im Statute Bestimmungen getroffen sein oder nicht.

Im letzteren Falle ist die Aktiengesellschaft auf unbestimmte Zeit eingegangen. Daraus ist nicht zu folgern, daß sie auf ewig errichtet sei und der Umwandlungsbeschluß dieser stillschweigenden Bestimmung des Statutes zuwiderlaufe. Vielmehr ist die Gesellschaft auf unbestimmte d. h. erst durch wirkliche Auflösung bestimmte Zeit geschlossen. Ein Auflösungsbeschluß enthält mithin keine Statutenänderung.

Im anderen Falle enthält das Statut Bestimmungen bezüglich der Dauer der Gesellschaft. Die Bedeutung derartiger Festsetzung liegt nicht darin, daß sie im Interesse des Einzelaktionärs zwecks Realisierung seiner Aktie durch Liquidation zu jenem Zeitpunkte getroffen ist, noch darin, daß der Aktionär sich bei der Gründung nur für jene Zeit binde, vielmehr ist sie im Interesse der Gesellschaft zu suchen (R.G. Bd. VI, S. 120). Dieser soll, auch wenn einmal eine bestimmte Zeit für die Ausbreitung des Unternehmens gegeben ist — sofern nicht das Statut eine Fortsetzung darüber hinaus ausdrücklich ausschließt — die Möglichkeit nicht genommen sein, sich in Anbetracht der vorher nicht absehbaren Verhältnisse gegen Ende derselben über etwaige Fortsetzung schlüssig zu machen. Unmöglich fast wäre dies, wenn dem Einzelnen das Recht eigener Entschließung für jenen Zeitpunkt gewahrt werden solle und an der Weigerung eines Einzigen der Fortbetrieb des Unternehmens scheitern müsste. Aus diesem Gesichtspunkte erklärt Art. 214 eine Dreiviertelsmajorität zur wirksamen Beschlußfassung über die Fortsetzung der Gesellschaft für ausreichend.

Das Verhältnis der im Statute gesetzten Dauer der Aktiengesellschaft zum Zeitpunkte ihrer beabsichtigten Umwandlung kann nun ein dreifaches sein. Meistens wird die Umwandlung vor diesem Zeitablaufe eintreten sollen. In diesem Falle muß ein zugleich die Dauer der Gesellschaft verkürzender Umwandlungsbeschluß gefaßt werden. Derselbe enthält demgemäß eine Statutenänderung.

Oder die Umwandlung soll sich beim Ablaufe der für die Dauer der Aktiengesellschaft gesetzten Zeit vollziehen. Hier würde weder eine Statutenänderung vorzunehmen, noch die Auflösung besonders zu beschließen sein, sondern lediglich der Beschluß gefaßt werden müssen, daß der mit Ablauf jenes Zeitraumes von selbst eintretenden Auflösung eine Umwandlung folgen solle.

Soll endlich die Umwandlung nach dem für die Dauer statutarisch bestimmten Zeitpunkte eintreten, so ist vorerst eine Änderung des Gesellschaftsvertrages nach der Richtung nötig, daß diese zeitliche Schranke falle. Denn stillschweigende Fortsetzung der Aktiengesellschaft wäre unzulässig, da eine stillschweigende Statutenänderung nicht anerkannt ist. Dieser Fortsetzungsbeschluß muß vor Ablauf des genannten Zeitraumes gefaßt werden, da die Gesellschaft sich mit diesem von selbst auflöst, und eine Fortsetzung einer aufgelösten Aktiengesellschaft selbst dann unmöglich ist, wenn alle Aktionäre zustimmen. Auch kann ein nach diesem Zeitpunkte gefaßter Umwandlungsbeschluß die Anwendung der §§ 78 und 79 nicht herbeiführen, weil dann bereits die gesetzliche Folge der Auflösung, die Liquidation, eingetreten ist.

Es ist demnach zu unterscheiden zwischen Umwandlungsbeschlüssen mit einer die Zeitdauer der Aktiengesellschaft betreffenden Statutenänderung und ohne diese.

a. Die Erfordernisse eines solchen ohne Statutenänderung sind: gesetzmäßiger Beschluß und Beurkundung, Einreichung zum Handelsregister und Anmeldung behufs Eintragung. Der Umwandlungsbeschluß ist ein Auflösungsbeschluß. Er muß demnach mit einer Dreiviertelsmajorität des in der Generalversammlung vertretenen Grundkapitales gefaßt werden (Art. 242, 2). Bei Berechnung dieser Quote ist nach der Rechtsprechung (R.G. Bd. XX, S. 140) als vertretenes Grundkapital nicht zu Grunde zu legen der Betrag, welchen die Aktien, deren Inhaber bei der Eröffnung der Versammlung als anwesend konstatiert worden sind, beziffern, noch der, den die zur Zeit der Beschlußfassung anwesenden Mitglieder repräsentieren, sondern das im Besitze der abstimmenden Aktionäre befindliche Grundkapital. Wenn danach bei Berechnung des letzteren auch der Anteil der sich des Stimmrechtes Enthaltenden ausscheidet, so kann dies jedoch nicht für den Bruchteil der anwesenden Aktionäre gelten, die kraft Gesetzes oder Statutes von der Abstimmung ausgeschlossen sind. Stellt das Statut für den Auflösungsbeschluß noch weitere, notwendig erschwerende Erfordernisse auf, so muß der Umwandlungsbeschluß diesen gleichfalls genügen.

Letzterer bedarf ferner wie jeder Generalversammlungsbeschluß der gerichtlichen oder notariellen Beurkundung, d. h. Beurkundung der Hergänge des Beschließens, wie sie die Urkundsperson wahrnimmt. Deshalb begreift sie nicht die Prüfung der Identität der

Erschienenen und deren Legitimation, noch die der ordnungsmäßigen Berufung in sich. (Ring, S. 585.) Mit dieser Beurkundung, zu der eine Zuziehung von Zeugen nicht erforderlich ist, wird der Beschluß giltig.

Auch die Wirksamkeit des Beschlusses tritt mit diesem Momente ein. Es ist zwar für ihn eine Einreichung der beglaubigten Abschrift jener Beurkundung wie bei jedem Generalversammlungsbeschlusse und — als Auflösungsbeschluß — die Anmeldung zum Eintrage ins Handelsregister, sowie der Eintrag selbst nötig, allein seine Wirksamkeit ist dadurch nicht bedingt.

Das die Auflösung einer Aktiengesellschaft herbeiführende Ereignis wirkt in der Regel sofort. So erlischt die Gesellschaft, deren Zeitdauer statutarisch fest bestimmt war, mit Ablauf dieser Zeit, gleichviel, ob der Eintrag erfolgt ist, der ebenfalls nach Art. 243 erforderlich ist. In gleicher Weise ist auch hier die Existenz der Gesellschaft mit Fassung des Auflösungsbeschlusses endgiltig entschieden, ohne Rücksicht auf erfolgten Eintrag. Von diesem Zeitpunkte ab beginnt ihr körperschaftliches Nachleben. (Gierke, S. 881.) Es bemißt sich folgerichtig auch vom Momente der Beschlußfassung ab der Anfang der nach § 78 Abs. 5 gesetzten einmonatlichen Frist, binnen der die Anmeldung der Gesellschaft mit beschränkter Haftung zum Eintrage ins Handelsregister zu erfolgen hat.

Wenn also der Zeitpunkt des Eintrages der Auflösung gleichgiltig ist für die Frage, wann die Gesellschaft beendet und wann der erwähnte Zeitraum verstrichen ist, so ist doch der Vorstand zur Anmeldung vom Registerrichter durch Ordnungsstrafen anzuhalten (Art. 249g). Letzterer hat sodann gemäß Art. 13 den Eintrag der Auflösung zu veröffentlichen. Nicht nötig hingegen ist die Bekanntmachung durch den Vorstand und dessen Aufforderung an die Gläubiger, sich zu melden (Art. 243), da diese erst nach dem Eintrage der Gesellschaft mit beschränkter Haftung durch deren Geschäftsführer zu bewirken ist. (§ 79 Abs. 2.)

b. Ist mit dem Umwandlungsbeschlusse eine Statutenänderung bezüglich der Dauer der Aktiengesellschaft verbunden, so begreift der Auflösungsbeschluß diese in sich und wird dadurch umgestaltet. Denn an und für sich gelten für einen Auflösungs- und einen Statutenänderungsbeschluß nicht dieselben Erfordernisse. Während nämlich jener stets mit einer Majorität von drei Vierteilen des in der beschließenden Versammlung vertretenen Grundkapitals gefaßt werden muß und das Statut nur erschwerende Erfordernisse aufstellen kann, ist für diesen jene qualifizierte Mehrheit nur dann erforderlich, wenn das Statut keine anderen Bestimmungen, die jedoch auch leichtere Bedingungen enthalten können, getroffen hat (Art. 215). Während ferner der Auflösungsbeschluß bereits mit seiner Fassung und Beurkundung in der Generalversammlung in Wirksamkeit tritt, bedarf der Statutenänderungsbeschluß hierzu notwendig erst der Eintragung (Art. 214). In dieser Beziehung wird der Auflösungsbeschluß, der zugleich eine Statutenänderung enthält, modifiziert: zu seiner rechtlichen Wirksamkeit ist die Eintragung nötig. Und diese Wirkung der Eintragung erstreckt sich nicht blos nach außen, wie etwa in Art. 211, sondern auch nach innen. Bis zur Eintragung der Verfassungsänderung ist die Gesellschaft selbst an ihr Statut gebunden und hat nicht die Wahl zwischen der bisherigen und der später erst in Kraft tretenden Bestimmung. In dem die Zeitdauer abändernden Beschlusse liegt nur die Willensäußerung, daß eine dahingehende Veränderung vorgenommen werden solle, und die Aufforderung an die Gesellschaftsorgane, durch Anmeldung zur Eintragung die erforderlichen Schritte zu thun. Vom Augenblicke der Eintragung erst gilt auch für das innere Gesellschaftsleben das geänderte Statut. (R.G. Bd. XXIV, S. 54.)

Es war hier wie auch oben darauf Gewicht zu legen, von welchem Momente ab der Umwandlungsbeschluß, mithin die Auflösung, wirksam ist, weil der im § 78 Abs. 5 bezeichnete Monat, binnen welchem spätestens die Anmeldung der neuen Gesellschaft mit beschränkter Haftung zur Eintragung zu erfolgen hat, sich nach ihm bestimmt. Während also beim Auflösungsbeschlusse ohne Statutenänderung der ‚Zeitpunkt der Beschlußfassung‘ ohne Rücksicht auf die Eintragung für die Frage, wann die Auflösung erfolgt, maßgebend ist, richtet sich bei einer damit verbundenen Statutenänderung der Moment der Auflösung nach dem ‚Zeitpunkt der Eintragung‘, ohne Rücksicht darauf, wann die beschließende Versammlung stattfand.

Andere statutarische Änderungen können gleichfalls mit dem Umwandlungsbeschlusse vorgenommen werden, soweit sie überhaupt in Anbetracht der bevorstehenden Auflösung und den sich aus der Umwandlung ergebenden nötigen Änderungen noch zweckmäßig erscheinen. Nur der Beschluß einer Kapitalsreduktion ist unzulässig, da § 78 bestimmt, daß das Stammkapital der Gesellschaft mit beschränkter Haftung nicht geringer sein darf, als das Grundkapital der aufgelösten Gesellschaft. Einer Kapitalserhöhung dagegen würde rechtlich nichts im Wege stehen.

B. Die bisherige Erörterung hatte den Umwandlungsbeschluß als Auflösungsbeschluß zum Gegenstande. Er ist aber ein Auflösungsbeschluß besonderer Art, er bedarf des Zusatzes, der seinen Zweck, die Umwandlung, angiebt.

Ein nach dem bisherigen Gange entstandener, sämtlichen Erforder-

2*

nissen entsprechender Auflösungsbeschluß schlechthin würde an sich noch nicht das in §§ 78, 79 geregelte Verfahren zur Folge haben. Er würde die Liquidation des H.G.B.'s herbeiführen. Abgesehen von dem Falle des Konkurses und der Fusion, verhalten sich nach dem Aktienrechte Auflösung und Liquidation zu einander wie Ursache und Wirkung. Neben der Liquidation aber hätte das Umwandlungsverfahren nach §§ 78, 79 keinen Platz. Denn jenes stellt das körperschaftliche Nachleben zum Zwecke der endgiltigen Auseinandersetzung dar, dieses will eine Fortsetzung der Aktiengesellschaft in anderer Gestalt herbeiführen. Wegen dieser völligen Verschiedenheit erklärt auch § 78 Abs. 1 die sonst stets stattfindende Liquidation in dem Falle für unnötig, wenn die Auflösung ‚zum Zwecke der Umwandlung' erfolgt ist und den in §§ 78 und 79 gegebenen Bestimmungen genügt wird. Es ist also die Zweckangabe nicht als eine nebensächliche, unverbindliche Vereinbarung der Aktionäre aufzufassen, sondern als ein notwendiges Erfordernis für die Anwendung der Umwandlungsbestimmungen.

Es liegt daher auch in der Natur der Sache, daß diese Zweckbestimmung offenkundig gemacht wird. Ohne diese folgt dem Auflösungsbeschlusse die Liquidation; mit ihr kann die Auflösung neben den Sonderfall der Fusion treten. Ebenso wie bei dieser die Bestimmung, daß die Fusion eintreten solle, und ihre näheren Modalitäten in die Beschlüsse aufgenommen, im Handelsregister eingetragen und der Öffentlichkeit mitgeteilt werden (Ring, p. 682), ebenso muß auch die beabsichtigte Umwandlung aus dem Auflösungsbeschlusse ersehen werden können, zur Eintragung gelangen und vom Registerrichter veröffentlicht werden.

Zu gleichem Resultate, das der Ansicht Förtsch's (Kommentar, § 78 Anm. 4) widerspricht, führt außer dem Wortlaute von § 78 Abs. 1 die folgende Erwägung. Ist die Auflösung der Aktiengesellschaft erfolgt, die Umwandlung nur nebenher vereinbart, so können nach Art. 244 der Aufsichtsrat oder die den zwanzigsten Teil des Grundkapitals darstellenden Aktionäre die gerichtliche Bestellung von Liquidatoren beantragen. Der Registerrichter, dem nur der Auflösungsbeschluß eingereicht ist, weiß von der beabsichtigten Umwandlung nichts, kann also nicht beanstanden, einem derartigen Antrage Folge zu leisten. Die Vereitelung der Umwandlung läge also in der Hand weniger. Hingegen ist dies unmöglich, wenn die Zweckbestimmung dem Registerrichter in verbindlicher Weise durch Aufnahme in den Beschluß bekannt gegeben wird. Es würde dann einem Antrage in obigem Sinne vor Ablauf des in § 78 Abs. 5 festgesetzten Monates nicht stattgegeben werden können.

Ein anderes Beispiel zeige außerdem die Unzweckmäßigkeit der

Förtsch'schen Ansicht. In einer Aktiengesellschaft sind drei am Grundkapital gleichstark beteiligte Parteien, von denen die eine auf Erhaltung der Gesellschaft im alten Zustande, die andere auf Umwandlung, die dritte auf Auflösung arbeitet. Die letztere wird dem von der zweiten Partei nur in Form eines Auflösungsantrages gekleideten Verlangen nach Umwandlung zustimmend die Liquidation dadurch herbeiführen können, daß sie jene bei Bildung der neuen Gesellschaft, bei der die Aktien der sich beteiligenden Mitglieder mindestens drei Vierteile des Grundkapitals darstellen müssen (§ 78 Abs. 4), im Stiche läßt. Die Aufnahme der Zweckbestimmung in den Auflösungsbeschluß macht ein derartiges Verfahren unmöglich.

Alle diese Erwägungen führen zu dem Ergebnisse, daß der Wortlaut in § 78 Abs. 1 nur dahin zu verstehen ist, daß die „Auflösung zum Zwecke der Umwandlung“ als ein Begriff hingestellt wird, im Gegensatze zu der gewöhnlichen Auflösung, daß mithin jene Zweckbestimmung ein wesentlicher Bestandteil des das Umwandlungsverfahren nach sich ziehenden Auflösungsbeschlusses ist. —

C. Der die Auflösung herbeiführende Umwandlungsbeschluß unterliegt wie jeder Generalversammlungsbeschluß der Anfechtung. Soweit diese sich auf nicht gehörige Berufung der Versammlung oder Ankündigung des Gegenstandes der Beschlußfassung gründet, ist sie bereits oben (s. S. 14 fg.) erörtert. Auch aus anderen formellen oder materiellen Gründen ist eine Anfechtung zulässig und zwar seitens jedes Einzelaktionäres wie des Vorstandes. Im ersteren Falle bildet die Voraussetzung der Anfechtung, daß der Widerspruch, ehe der betreffende Punkt von der Tagesordnung abgesetzt wurde (R.G. Bd. XXII, S. 161), zu Protokoll erklärt worden ist. Der Widerspruch, der sich demnach gegen einen individuell bestimmten Beschluß, hier den Umwandlungsbeschluß richtet, bedarf jedoch in der Generalversammlung einer besonderen Begründung nicht. Bezüglich der Anfechtung durch den Vorstand gelten jedoch diese Voraussetzungen nicht.

Die näheren Erfordernisse der Anfechtungsklage, die hier weniger Interesse bieten, enthält Art. 222 (190a). Nicht unerwähnt sei, daß sich die für die Erhebung der Anfechtungsklage bestehende einmonatliche Frist nicht mit dem in § 78 Abs. 5 erwähnten Zeitraume deckt. Denn dieser berechnet sich stets von der Auflösung, also im Falle gleichzeitiger Statutenänderung von der Eintragung ab, während für Berechnung jener Frist stets der Zeitpunkt der Beschlußfassung maßgebend ist.

Außerdem ist hervorzuheben, daß der Aktionär, der sich ganz oder teilweise an der neuen Gesellschaft beteiligt hat, des Anfechtungsrechtes bezüglich des auflösenden Generalversammlungsbeschlusses verlustig gegangen ist. In der Beteiligung an der Gesellschaft mit beschränkter Haftung ist eine Anerkennung der rechtsbeständigen Umwandlung zu erblicken, welches die Unwirksamkeit eines Protestes gegen den Umwandlungsbeschluß zur Folge hat. (Entscheidung vom 5. Mai 1894 des I. Civilsenates des Reichsgerichtes in W. 1894, S. 221.)

Dringt der Kläger mit der Anfechtungsklage durch, so wirkt das Urteil auch den nicht beteiligten Aktionären gegenüber. Es äußert seine Wirkung ferner aufs Handelsregister, zu dem es vom Vorstande bei Vermeidung von Ordnungsstrafen einzureichen ist. Da der Umwandlungsbeschluß in jedem Falle einzutragen ist, so muß auch das denselben umstoßende Urteil bezw. der materielle Inhalt desselben eingetragen werden, sofern jener Beschluß bereits zur Eintragung gelangt war. Für die Veröffentlichung finden diese Bestimmungen sinngemäße Anwendung. (Art. 222, 190a.)

Auf die Folgen der Ungiltigkeitserklärung eines Umwandlungsbeschlusses ist zweckmäßiger beim Prüfungsrechte des Registerrichters bei der Anmeldung der Gesellschaft mit beschränkter Haftung einzugehen (s. S. 47).

Kapitel II.

Zwischenstadium.

I. Der Rechtszustand der aufgelösten Aktiengesellschaft.

(Vergl. Maaßen in W. 1892, p. 281, Birkenbihl in W. 1893, p. 214 und Neukamp in W. 1893, p. 279.)

Die Aktiengesellschaft ist zufolge des Umwandlungsbeschlusses aufgelöst. Es erheischt die sofort auftauchende Frage, in welchem rechtlichen Zustande sich die aufgelöste Gesellschaft befindet, zunächst Beantwortung. Dies wird erleichtert durch Eingehen auf die weitere Frage, ob die Auflösung eine endgiltige ist oder eine durch das Zustandekommen der Gesellschaft mit beschränkter Haftung bedingte.

A. Zu einer Bejahung derselben im letzteren Sinne gelangen Maaßen (l. c.) und Birkenbihl (l. c.), indem sie die dem Auflösungsbeschlusse hinzugefügte Zweckbestimmung der Umwandlung als eine suspensive Bedingung auffassen.

1. Sie gehen dabei von der Ansicht aus, daß der wahre Wille der Aktionäre der ist, das Handelsgeschäft fortzusetzen, nur unter einer anderen Form; dagegen, wenn dies nicht angängig, gar nicht

fortzusetzen. Die Vertreter dieser Ansicht ziehen dann auch die des weiteren zu berührenden Folgen.

2. Die Möglichkeit und Zulässigkeit, Beschlüsse einer Aktiengesellschaft unter einer Bedingung zu fassen, also auch dem Auflösungsbeschlusse für seine Geltung eine solche hinzuzufügen, soll nicht bestritten werden. (A. M. Neukamp l. c.) Allein die Annahme, die in einem Umwandlungsbeschlusse enthaltene Zweckangabe stelle eine solche im Zweifel dar, läßt sich nicht rechtfertigen.

a. Zunächst wegen des Wortlautes im Gesetze nicht. Dieses spricht in §§ 78 und 79 stets von der Auflösung schlechthin, nie von einer bedingt aufgelösten Gesellschaft. Besonders ergiebt sich die Unzulässigkeit der Annahme einer bedingten Auflösung aus § 78 Abs. 5: „Die neue Gesellschaft muß spätestens binnen einem Monate nach Auflösung der Aktiengesellschaft zur Eintragung .... angemeldet werden.“ Aus dem Gesetze geht also für jeden unbefangenen Leser hervor, daß eine ‚Auflösung‘, nicht aber eine bedingte Auflösung der Aktiengesellschaft vorangeht.

b. In gleicher Weise sprechen sich die Motive aus, wo es p. 116 heißt: „Für die Umwandlung ist ... kein anderer Weg, als derjenige der Auflösung der Aktiengesellschaft und der Neugründung einer Gesellschaft m. b. H. in Betracht gezogen.“ Danach ist die vorgängige Auflösung Bedingung für das Entstehen der neuen Gesellschaft. Die Auflösung der Aktiengesellschaft kann aber nicht an die Bedingung gebunden sein, daß eine Gesellschaft entsteht, deren Zustandekommen ihrerseits an die Bedingung geknüpft ist, daß jene Aktiengesellschaft aufgelöst sei. Es wäre dies eine perplexe Bedingung (Wi. I, § 93). Es dürfte also, wenn das Hinzutreten der Zweckbestimmung eine Bedingung enthalten sollte, ein derartiger Zusatz überhaupt nicht vorhanden sein.

Um alle diese Schwierigkeiten im Gefolge seiner Auslegung zu beseitigen, nimmt Birkenbihl (l. c.) an, daß „aufgelöste Aktiengesellschaft“ im Gesetze eine zwar nicht ganz korrekte, aber doch sehr erwünschte Kürzung des Ausdruckes sei: „Die Gesellschaft, deren Auflösung zum Zwecke der Umwandlung in eine Gesellschaft m. b. H. beschlossen ist“ und Maaßen setzt gar für „Auflösung“ in § 78 Abs. 5 „Auflösungsbeschluß“. Eine derartige Interpretation widerspricht jedoch den Gesetzen der Auslegungskunst (Wi. I, § 21)

c. Aber selbst wenn man auf diese Deutungen eingeht und die Auflösung als unter einer suspensiven Bedingung beschlossen annimmt, gelangt man zu keiner glücklichen Lösung obiger Frage.

Abs. 1 § 78 lautet nach Birkenbihl's Lesart: Wird beschlossen, eine Aktiengesellschaft zum Zwecke .... aufzulösen, so kann die

Liquidation derselben unterbleiben, wenn . . . In Anbetracht der angenommenen suspensiven-Bedingung tritt die endgiltige Auflösung erst mit Eintritt der Bedingung, d. h. mit dem Zustandekommen der Gesellschaft m. b. H. ein. Dies geschieht mit dem Momente des Eintrages. Da nun nach § 79 Abs. 1 zu demselben Zeitpunkte das Vermögen der Aktiengesellschaft auf die neue Gesellschaft von Rechts wegen übergeht, so ‚kann‘ nicht blos die Liquidation unterbleiben, sondern sie ‚muß‘ wegfallen. Denn in dem Momente der Auflösung, d. h. der Eintragung der neuen Gesellschaft, besitzt die frühere kein Vermögen mehr, ihre Liquidation ist mithin undenkbar. Jene Ansicht steht daher im Widerspruch mit dem Gesetze.

Der angeführte Satz besagt vielmehr zweierlei: einmal, daß, wenn den Bestimmungen des § 78 nicht genügt wird, die Liquidation eintreten ‚muß‘, zum anderen, daß die Liquidation selbst dann erfolgen ‚kann‘, wenn die Auflösung zum Zwecke der Umwandlung beschlossen ist. Letzteres ist unmöglich, wenn man in diesem Zusatze eine suspensive Bedingung sieht. Birkenbihl nimmt dies als das Regelmäßige an, da er behauptet, es müsse dies besonders hinzugefügt sein, wenn jener Zusatz nicht in der gedachten Weise aufgefaßt werden solle. Er vermutet also im Zweifel das Vorhandensein gar nicht zum Ausdruck gebrachter Bedingungen.

Nach der Maaßen-Birkenbihl'schen Auslegung hat ferner der erste Satz § 78 Abs. 5: „Die neue Gesellschaft muß spätestens binnen einem Monate nach Auflösung der Aktiengesellschaft zur Eintragung in das Handelsregister angemeldet werden“ keinen ersichtlichen Zweck. Diese Bestimmung will offenbar baldige Sicherheit über das Schicksal der aufgelösten Gesellschaft herbeiführen. Schließt man sich der Auffassung bedingter Auflösung an, so ist für die Fristsetzung von einem Monate kein Grund erkennbar, denn die Aktiengesellschaft besteht nach dem Auflösungsbeschlusse bis zum Eintritt der Bedingung unverändert fort. Wird diese Frist von einem Monate nicht eingehalten, kommt die Gesellschaft m. b. H. nicht zu stande, so tritt die suspensive Bedingung nicht ein, der Umwandlungsbeschluß „zerfällt“ ohne weiteres und „die Auflösung hat für den Bestand der Aktiengesellschaft nicht den mindesten Einfluß“. (Maaßen, l. c.) Dasselbe Schauspiel kann sich nach jener Ansicht selbstverständlich beliebig oft wiederholen. Dagegen hat m. E. jene Bestimmung außer dem genannten noch den Zweck, durch Setzung der kurzen Frist die Aktionäre vor die Alternative zu stellen, entweder den Weg der Liquidation zu betreten oder eine Gesellschaft m. b. H. zu gründen. Hierdurch wird ein gewisser Druck auf sie ausgeübt, mit ihrem Beitritt, der selbst von denen, die dem Umwandlungsbeschlusse zugestimmt haben, nicht erzwungen werden kann, nicht zu zögern und die drei Vierteile des Grundkapitals (§ 78 Abs. 1) zusammenzubringen.

Wenn Birkenbihl ferner die hier vertretene Ansicht der endgiltigen Auflösung zu erschüttern und die seinige gleichzeitig dadurch zu begründen sucht, daß er ins Feld führt, es fehle, da die Aktiengesellschaft aufgelöst sei, eine Liquidation aber nicht stattfinde, jede Organisation nach der Auflösung, das Vermögen sei „herrenlos“ und es sei niemand da, der es übertrage, so sei bezüglich der beiden ersten Einwendungen auf die späteren Ausführungen (S. 28) verwiesen; bezüglich der letzten sei nur darauf aufmerksam gemacht, daß eine Verwechselung des Falles der Umwandlung mit dem der Fusion vorzuliegen scheint. Während bei der letzteren das Gesetz wohl von einer Vermögensübertragung spricht (Art. 215 Abs. 4), geht bei jener das Vermögen der aufgelösten Gesellschaft mit dem Momente der Eintragung der Gesellschaft m. b. H. von selbst über. Es ist mithin niemand nötig zur Vermögensübertragung.

Birkenbihl bekämpft die Annahme vorgängiger definitiver Auflösung endlich auch vom praktischen Standpunkte aus: durch sie werde die Umwandlung wesentlich erschwert. Ebensowenig wie sich das Bestreben des Gesetzgebers, die Umwandlung zu erleichtern, in Abrede stellen läßt, ebensowenig ist zu leugnen, daß die Folgen der gegnerischen Ansicht in dieser Richtung etwas Bestechendes haben. Die Aktiengesellschaft ist nach jener Auffassung unter der suspensiven Bedingung des Zustandekommens der neuen Gesellschaft aufgelöst, d. h. sie besteht bis zum Eintritt der Bedingung in vollem Umfange und in voller Rechtsbeständigkeit weiter. Im Momente der Eintragung der Gesellschaft m. b. H. verschwindet wie durch Zauberschlag die Aktiengesellschaft und an ihrer Stelle steht jene schon fertig da.

Nun stellt der Übergang des Vermögens im vorliegenden Falle, wie auch von Birkenbihl nicht bestritten wird, eine Art der Universalsuccession dar. Diese deckt sich zwar nicht in allen Punkten mit der des Individualrechtes, sondern ist als ein Fall der Universalsuccession auf dem Gebiete des Socialrechtes anzusehen. (Gierke, S. 859.) Es gilt jedoch auch für sie, daß die Rechte und Pflichten in die die Succession stattfinden soll, erst dann frei sind, d. h. eine Verlassenschaft erst dann vorhanden ist, wenn die juristische Person deren Verlassenschaft in Betracht kommt, nicht mehr besteht. (Neukamp, l. c. S. 285.) Es muß mithin die juristische Person zu der Zeit, wo die Universalsuccession vor sich gehen soll, bereits aufgelöst sein. Diesem Erfordernisse entspricht obige Ansicht keineswegs.

Andererseits ist mit der Annahme vorgängiger definitiver Auflösung nicht die Notwendigkeit besonderer Erschwerung der Umwandlung verbunden. Es steht nichts im Wege, der die Umwandlung beschließenden Generalversammlung zugleich die in § 78 Abs. 4 bezeichnete Bilanz vorzulegen, den anwesenden Aktionären Gelegenheit zur Beteiligung an der neuen Gesellschaft zu geben, was bereits vor der Auflösung durch öffentliche Bekanntmachung geschehen sein konnte, und unmittelbar darauf die konstituierende Versammlung folgen zu lassen. Dies ist in den Motiven S. 116 ausdrücklich anerkannt. Diese ausdrückliche Anerkennung hätte, wenn der Gesetzgeber der Ansicht gewesen wäre, die Birkenbihl vertritt, einen ersichtlichen Grund nicht gehabt, weil es dann gleichgiltig wäre und keine Schwierigkeiten mit sich brächte, wenn zwischen den einzelnen Akten längere Zwischenräume lägen oder nicht, da ja der Bestand der Aktiengesellschaft gar nicht in Frage gestellt wäre. —

Aus dem Erörterten geht hervor, daß der Zusatz ‚zum Zweck der Umwandlung‘ im Auflösungsbeschlusse einen Beweggrund, keine Bedingung enthält, daß mithin die der Umwandlung voraufgehende Auflösung eine endgiltige ist. Damit ist der Ausgangspunkt für die rechtliche Beurteilung des Zustandes der aufgelösten Aktiengesellschaft gegeben.

B. Der Rechtszustand der zum Zwecke der Umwandlung aufgelösten Aktiengesellschaft ist keine Liquidation.

1. Die Aufgabe der letzteren ist Befriedigung der Gläubiger und Verteilung des Vermögens unter die Mitglieder. Es ist ein Zersetzungsvorgang, bei dem das Gesellschaftsvermögen der Erfüllung aller auf ihm lastenden Verbindlichkeiten gewidmet ist. Es hört auf, produktiv weiter zu arbeiten, und die Befugnis des Vorstandes oder der Liquidatoren beschränkt sich in Erreichung des einen Zweckes: der Versilberung des Vermögens.

Von allem Derartigen kann bei der Umwandlung, durch die der ungestörte Fortbetrieb und die Kontinuität des Unternehmens gewahrt bleiben soll, keine Rede sein. Es läßt sich jedoch nicht verkennen, daß der Gesetzgeber einen der Liquidation ähnlichen Zustand, soweit dies bei der Verschiedenartigkeit des Zweckes möglich war, für das Stadium hat schaffen wollen. Es ergiebt sich dies aus dem Gesetze und den Motiven. Es besagt § 78 Abs. 1, daß die Liquidation der aufgelösten Aktiengesellschaft „unterbleiben“ könne, wenn die Auflösung zum Zwecke der Umwandlung erfolgt ist und wenn den besonderen Bestimmungen des § 78 genügt werde. Bei Betretung dieses vom Gesetzgeber vorgeschriebenen Weges soll also ein Zustand vorhanden sein, den er selbst nur negativ bestimmt, insofern als er keine Liquidation darstellt. Besonders beweiskräftig für die hier vertretene Ansicht ist die Entstehungsgeschichte des Abs. 1 § 78. Derselbe lautete ursprünglich (Mot. p. 22): „Wird eine Aktiengesellschaft zum Zwecke der Umwandlung in eine Gesellschaft m. b. H. aufgelöst, so kann das Vermögen derselben ... ohne Beobachtung der im Art. 245 ... enthaltenen Vorschriften ... übertragen werden, sofern hinsichtlich der Errichtung ... den nachstehenden Bestimmungen genügt wird.“ Hiernach folgte der Auflösung die Liquidation stets, auch wenn die Gesellschaft m. b. H. zu stande kam; nur war es eine besondere Liquidation, da die Vorschrift des einzuhaltenden Sperrjahres mit Rücksicht auf einen möglichst ungestörten Fortgang des Unternehmens wegfiel. Die Änderung der später angenommenen Fassung beruhte auf dem Wunsche, eine Form der Umwandlung zu schaffen, bei der die Abgabe einer Stempelgebühr wegfiele. Es ist daher das „wenn“ des Abs. 1 § 78 in dem Sinne von „insofern, als“ zu verstehen und diese Stelle ohne Zwang in der Weise aufzufassen, daß die Liquidation der Aktiengesellschaft insofern unterbleiben kann, als hinsichtlich der Errichtung u. s. w., daß die Umwandlung also als ein der Liquidation ähnlicher Zustand aufzufassen ist.

2. Und in der That verleihen die Motive an verschiedenen Stellen dieser Auffassung Ausdruck. So heißt es p. 118: „Eine derartige Befreiung von der Durchführung der Liquidation ...“ S. 118: „.. Da nur unter den in dem letzteren (§ 76 des Entwurfes) festgesetzten Bedingungen eine Abweichung von den Liquidationsgrundsätzen des Art. 245 gestattet wird“ u. a. m. Das Ergebnis einer solchen Zusammenstellung ist der wiederkehrende Gedanke, daß die Auflösung zwar keine Liquidation, aber doch einen ihr ähnlichen Zustand herbeiführe.

Man würde jedoch zu weit gehen mit der Behauptung, es stelle das Umwandlungsverfahren eine ‚modifizierte Liquidation‘ dar. Die das Wesen der Liquidation, die Versilberung, zum Ausdruck bringenden Handlungen dürfen vielmehr gerade im Umwandlungsstadium nicht vorgenommen werden. Ferner haben die Gläubiger der Aktiengesellschaft wie die ausscheidenden Aktionäre keine Ansprüche auf das Vermögen der aufgelösten Gesellschaft, sondern nur auf das der neuen. (§ 79 Abs. 2 und 3.) Während die Zustände, in denen eine endgiltig aufgelöste und eine zum Zwecke der Umwandlung beendete ihre Ziele erreichen, inhaltlich sehr verschieden sind, so sind sie der Form nach sich sehr ähnlich.

Die rechtliche Struktur des Stadiums der Umwandlung ist seinem Äußeren nach das der Liquidation.

Zunächst bleibt wie bei der Liquidation die Einheitlichkeit des

Vermögens gewahrt. Dies bedarf unter Hinweis auf Abs. 1 § 79, wonach das Vermögen der aufgelösten Gesellschaft als solches in vollem Umfange auf die neue Gesellschaft übergeht, keiner weiteren Erörterung. In dieser gesetzlichen Bestimmung liegt die Anerkennung des Fortbestandes eines körperschaftlich gebundenen Vermögens. Damit erledigt sich die an sich verfehlte Behauptung Birkenbihl's, das Vermögen sei bei Annahme endgiltiger Auflösung „herrenlos", von selbst.

Wie ferner die aus der praktischen Notwendigkeit sich ergebende und in der Rechtsprechung allgemein anerkannte (R.G. Bd. III. S. 55) Thatsache gilt, daß die Organe einer Aktiengesellschaft nach ihrer Auflösung während der Liquidation in Wirksamkeit verbleiben, so findet ein Gleiches während des Umwandlungsstadiums statt. Unzweideutig geht dies aus Abs. 4 § 78 hervor, wonach die ‚Generalversammlung' rechtsgiltig den Bilanzgenehmigungsbeschluß faßt. Ist aber die Generalversammlung noch thätig, so waltet im Zweifel auch der Vorstand und Aufsichtsrat noch seines Amtes wie bei der Liquidation Art. 244. Schon Art. 226 Ziff. 5 und Art. 241 Abs. 3 rechtfertigen diese Folgerung. (Motive S. 118.) Die gesetzliche Anerkennung des Fortbestandes körperschaftlich organisierter Gemeinschaft überhebt zugleich der Widerlegung eines weiteren Birkenbihl'schen Einwandes gegen die Annahme endgiltiger Auflösung: die Organisation sei weggefallen.

Die sich aus diesem rechtlichen Zustande ergebenden Folgen bemessen sich nach dem Zwecke der Umwandlung. Im Zweifel wird also dem Vorstande die Aufgabe zukommen, die zur Erfüllung der im § 7 enthaltenen Bestimmungen nötigen Schritte zu thun. Man braucht dabei nicht anzunehmen, wie dies Neukamp inkonsequenter Weise thut (W. 1893, S. 287), daß es dabei nötig sei, die Vorstandsmitglieder als ‚Liquidatoren' einzutragen. Durch Eintragung des Umwandlungsbeschlusses gilt sowohl nach innen wie nach außen der Vorstand beauftragt, das zur Durchführung jenes Beschlusses Nötige zu veranlassen. Dieser Auftrag enthält zugleich eine Beschränkung der dem Vorstande sonst zustehenden Vollmacht. Derselbe ist lediglich befugt, die durch das Umwandlungsverfahren sich nötig machenden Handlungen und Rechtsakte vorzunehmen: Aufstellung der Bilanz, Einberufung der Generalversammlung zwecks Genehmigung derselben, Aufforderung an die Aktionäre zur Beteiligung an der neuen Gesellschaft u. s. w. Zu derartigen Befugnissen aber würde dem mit dem Liquidationszusatze (Art. 139) zeichnenden Vorstande (zufolge Art. 137) ein Recht nicht zustehen und andererseits würden, wie es in der Natur des Verhältnisses schon liegt, die den Liquidatoren zustehenden Handlungen vom Vorstande während des Umwandlungsstadiums nicht vorgenommen werden dürfen. Insbesondere würden alle Veräußerungen, die den Charakter der Versilberung des Gesellschaftsvermögens trügen, über den Umfang der vorstandlichen Befugnisse sich erstrecken und daher, soweit nicht gutgläubigen Dritten Art. 25, 46 in analoger Anwendung zur Seite steht, d. h. daß sie von der Auflösung zum Zwecke der Umwandlung keine Kenntnis gehabt hätten, nichtig seien. Dem Vorstande dagegen „jede" Verfügungsbefugnis über das Vermögen der aufgelösten Gesellschaft abzusprechen, wie dies Neukamp (l. c. p. 286) thut, trifft über das Ziel, da doch sicherlich die laufenden Geschäfte erledigt werden müssen und bereits eingegangenen Verbindlichkeiten nachgekommen werden muß. Die Ermächtigung dazu wird man nach dem Gesagten ohne Schwierigkeit aus dem Umwandlungsbeschlusse, der eine möglichst geringe Unterbrechung des Geschäftsbetriebes zur Folge haben soll, ableiten dürfen. —

Die Thätigkeit des weiteren Organes, der Generalversammlung, während des Umwandlungsstadiums ist eine sehr beschränkte. Sie erschöpft sich in der Genehmigung der Abs. 4 § 78 berührten Bilanz. Mit diesem Beschlusse hat die Lebensbethätigung der Generalversammlung der Aktionäre für den Fall des rechtsgiltigen Zustandekommens der Umwandlung ihren Abschluß erreicht.

Allenthalben bestätigt sich die hier vertretene Auffassung: Der Rechtszustand der zum Zwecke der Umwandlung aufgelösten Aktiengesellschaft ist seiner Form nach keine Liquidation, sondern ein ihr ähnlicher Zustand; die Aktiengesellschaft in Umwandlung ist ein Analogon der Aktiengesellschaft in Liquidation.

Die Erörterung des Wesens der Umwandlung dem Inhalte nach bleibt Kapitel IV vorbehalten.

II. Die Bilanzgenehmigung.

(Zum folgenden vergl. Neukamp in W. 1894, S. 177fg.; Maaßen l. c.; Holdheim in W. 1893, S. 197fg.)

A. Ist die mit Rechtswirksamkeit aufgelöste Aktiengesellschaft in dieses soeben charakterisierte Stadium getreten, so hat, um die Umwandlung gemäß §§ 78 und 79 zu vollziehen, als erster Akt die Aufstellung und Genehmigung einer Bilanz zu erfolgen. Diese Bilanz ist der von den Liquidatoren gemäß Art. 244a Abs. 3 bei Beginn der Liquidation aufzustellenden ähnlich. Während jedoch für diese das Gesetz nur Veröffentlichung und Einreichung beim Handelsregister verlangt, bedarf jene zu ihrer Giltigkeit der Genehmigung von drei Vierteilen des in der Generalversammlung vertretenen Grundkapitals. Auf diese Versammlung haben noch die oben erörterten Erfordernisse jeder Generalversammlung entsprechende Anwendung zu finden.

Das Gesetz (§ 78) giebt zwar nicht an, von wem sie einberufen werden soll, allein aus dem bereits (S. 28) Gesagten ergiebt sich, daß, da die Organe der Gesellschaft in Thätigkeit bleiben, der Vorstand dazu verpflichtet ist. An und für sich stünde nichts im Wege, die Ausführung des Umwandlungsbeschlusses dritten Personen zu übertragen, allein für den Fall des Nichtvorhandenseins einer derartigen Bestimmung hat der Vorstand, wie er überhaupt im Zweifel als beauftragt gilt, alle zur Umwandlung erforderlichen Schritte zu thun, jene Versammlung einzuberufen. Gleicherweise erledigt sich die im Gesetze nicht berührte Frage, von wem die Bilanz aufzustellen ist. Auch hier ist im Zweifelsfalle der Vorstand das befugte Organ, zumal er auch die meiste Einsicht in die Vermögenslage der aufgelösten Aktiengesellschaft besitzen wird.

B. Ehe auf die Bedeutung und den Zweck dieser Bilanz eingegangen wird, soll noch der ‚Zeitpunkt', auf den sie zu stellen ist, erörtert werden.

1. Die Rechte der Aktionäre auf verhältnismäßigen Anteil am Vermögen der Gesellschaft kommen mit deren Auflösung zur praktischen Geltung. Wenn sie auch bei dem Umwandlungsverfahren nicht sofort geltend gemacht werden können (§ 79, 2), so ist doch für die Berechnung, nach der sich ihre Höhe bestimmt, der Zeitpunkt der Auflösung maßgebend. Diese Berechnung erfolgt bei der Umwandlung durch die genannte Bilanz. Daher muß diese auf den Tag der Auflösung aufgemacht werden.

Zu gleichem Ergebnisse führt folgende Erwägung. Auf die neue Gesellschaft geht das Vermögen der Aktiengesellschaft in vollem Umfange über (§ 79, 1); sie kann die Ausantwortung desselben in dem Zustande und Umfange verlangen, in dem es sich bei der Auflösung befunden hat. Da die Bilanz dieses Vermögen erkennen lassen soll, so ist sie auf den Tag der Auflösung zu stellen. Wenn Neukamp (l. c. S. 165) diese Ansicht weiterhin damit begründet, es sei nach jenem Zeitpunkte jede Verfügung über das Vermögen der aufgelösten Aktiengesellschaft unzulässig, so könnte man dies Argument ebenfalls gegen jene Ansicht verwenden und folgern, weil das Vermögen unangetastet bleibt, ist es gleichgiltig, auf welchen Tag die Bilanz aufgemacht wird.

Nach der hier vertretenen Ansicht ist es daher unzulässig, wie in der S. 22 genannten Entscheidung des Reichsgerichtes vom 5. Mai 1894 geschilderten Umwandlung geschehen ist, daß in einer am 23. Juni 1892 abgehaltenen Generalversammlung nach Fassung des Umwandlungsbeschlusses die nach Abs. 4 § 78 erforderliche Bilanz durch den weiteren Beschluß festgestellt wurde, „es sollte die per 1. Oktober 1891 gezogene Bilanz der Aktiengesellschaft genehmigt werden, so daß dieselbe gemäß § 78 zur Berechnung des auf jede Aktie entfallenden Anteils am Vermögen der aufgelösten Gesellschaft diene.“ —

Wenn also nach Obigem die Bilanz auf den Tag der Auflösung zu stellen ist, so ist damit nicht die Möglichkeit ausgeschlossen, daß bei einer gut vorbereiteten Umwandlung ihre Genehmigung in derselben Versammlung erfolge, in der die Umwandlung beschlossen worden ist. Der Gesetzgeber hat dies vor Augen gehabt, wenn es heißt (Mot., S. 116): „Beide Akte (Auflösung der alten und Errichtung der neuen Gesellschaft) können aber natürlich in unmittelbarer Aufeinanderfolge stattfinden.“ Zwischen beiden Akten aber muß die Bilanzgenehmigung liegen: nach dem Umwandlungsbeschlusse, weil dieser die Voraussetzung für das Verfahren nach § 78 überhaupt bildet; vor der Errichtung, weil der ihr zu Grunde liegende Gesellschaftsvertrag nach § 3 Ziff. 4 „den Betrag der von jedem Gesellschafter auf das Stammkapital zu leistenden Einlage“ enthalten muß, dieser aber für die sich an der Umwandlung beteiligenden Mitglieder der Aktiengesellschaft erst durch diese Bilanz festgestellt wird. Ist somit der frühste Termin für die Bilanzgenehmigung bestimmt, so darf sie andererseits nicht so spät stattfinden, daß die Einhaltung der einmonatlichen Frist zwischen Auflösung und Anmeldung (§ 78 Abs. 5) ausgeschlossen ist.

2. Die Natur dieser Bilanz erklärt sich aus dem Zwecke, dem sie dienen soll. Gleiches gilt für die Bilanz bestehender Aktiengesellschaften, nur ist dort der Zweck ein anderer.

Der Zweck der gewöhnlichen Bilanz ist, das Vermögen der Gesellschaft und daraus den Reingewinn und den Betrag festzustellen, auf den das Dividendenrecht des Aktionärs lauten soll. Dem sehr naheliegenden Bestreben, hohe Dividenden durch möglichst hohe Bewertung der Aktiva zu erzielen, ist der Gesetzgeber durch Art. 185a entgegengetreten. Durch diese Vorschrift verliert die Bilanz das Gepräge einer Wertbilanz und nimmt den Charakter einer Buchbilanz an. Andererseits wird das Verhältnis zwischen dem objektiven und dem sich aus der Bilanz ergebenden Werte des Gesellschaftsvermögens in entgegengesetzter Richtung verschoben durch das Bestreben, eine möglichst gut fundierte Gesellschaftsbasis durch Anlage verschiedener Reservefonds zu erzielen. Während der Gesetzgeber das obige Bestreben einzudämmen suchte (Art. 185a), hatte er keinen Grund, diesem die Berechtigung zu versagen.

Deshalb knüpfte er die Genehmigung der Bilanz an eine einfache Majorität (Art. 185e).

Der Zweck, der zur Umwandlungsbilanz führt, ist ein von dem eben geschilderten verschiedener und daher der Charakter derselben ein anderer. Sie will zunächst die Abfindungssumme der sich nicht an der neuen Gesellschaft beteiligenden Aktionäre bestimmen und sodann den Betrag, den die sich beteiligenden Aktionäre als Stammeinlagen einbringen.

3. Der erstere dieser Zwecke führt zu dem Ergebnisse, daß für die Aufstellung der Bilanz nicht die Bewertungsgrundsätze des Art. 31 maßgebend sind. Es vertritt nämlich die Umwandlungsbilanz für die ausscheidenden Aktionäre die Liquidationsbilanz d. h. der mittels jener berechnete Anteil vertritt die Liquidationsrate. Die Auflösung der Gesellschaft erweckt das Sonderrecht des Aktionärs auf den ihm nach Art. 216 und 245 zustehenden verhältnismäßigen Anteil. Dies kann ihm auch durch einen Umwandlungsbeschluß nicht entzogen werden. Das Gesetz hat in § 78 diesen Anspruch aber insoweit modifiziert, als der Aktionär die Festsetzung dieses Anteils nicht mittels durchgeführter Liquidation des Vermögens beanspruchen kann — eine „ungestörte Fortsetzung des Betriebes“ (Mot., S. 115) wäre alsdann ausgeschlossen —, sondern auf die Umwandlungsbilanz verwiesen wird. Für diese müssen daher, soll jenes Recht nicht illusorisch werden, dieselben Bewertungsgrundsätze angewandt werden wie für die Liquidationsbilanz, nämlich die des Art. 31.

Aus dem anderen Zwecke, den die Umwandlungsbilanz verfolgt, nämlich den Betrag zu bestimmen, zu dem die Anteile der Beitretenden als Stammeinlage angenommen werden sollen, folgert Förtsch (Komm., S. 171), daß für diesen Betrag, wenn nicht gleich bei der Eröffnungsbilanz der neuen Gesellschaft eine Differenz hervortreten soll; derjenige Wert zu Grunde gelegt werden müsse, den § 43 für die Bilanz einer Gesellschaft m. b. H. vorschreibt. Daß diese Forderung zunächst insoweit unberechtigt ist, als die Bewertungsgrundsätze des § 43 überhaupt nicht für die Umwandlungsbilanz maßgebend sein können, da zur Zeit ihrer Aufstellung eine Gesellschaft m. b. H. noch nicht existiert, bedarf keiner näheren Begründung. Auch tritt die vorausgesehene Differenz zwischen Umwandlungs- und Eröffnungsbilanz nicht ein. Denn es enthält § 43 nicht die den Charakter einer Wertbilanz ausschließenden Bestimmungen des Art. 185a Abs. 1 und 2, ferner erfährt das Vermögen der aufgelösten Gesellschaft während der Umwandlung Veränderungen nicht und endlich bilden die in der Umwandlungsbilanz angesetzten wahren Werte den von § 43 geforderten Anschaffungspreis. Förtsch selbst erklärt schließlich das Interesse der ausscheidenden Aktionäre für überwiegend und kommt praktisch zu demselben Resultate, das die hier vertretene Ansicht erreicht, daß nämlich der Umwandlungsbilanz die Bewertungsgrundsätze des Art. 31 unterzulegen seien, daß somit eine Wert-, keine Buchbilanz aufzustellen sei. Eine notwendige Folge dieses Ergebnisses ist, daß in der Passivseite der Bilanz der Ansatz für die Reservekonten und das Grundkapital wegfällt.

Nur mit Hilfe dieser Grundsätze wird es gelingen, „eine möglichst zutreffende Schätzung" zu erzielen. Darin liegt zugleich die beste Wahrung der Interessen der ausscheidenden Aktionäre; denn je zutreffender die Schätzung ist, desto geringer wird der Unterschied zwischen dem nur rechnungsmäßig ermittelten Anteile und der entsprechenden Liquidationsrate sein. Der Gesetzgeber glaubt dies dadurch herbeizuführen, daß er zur Genehmigung der Umwandlungsbilanz eine Majorität von drei Vierteilen des in der Generalversammlung vertretenen Grundkapitals erforderlich erklärt. Mancherlei Bedenken sprechen dagegen, diese Lösung als eine glückliche zu bezeichnen.

Die an der neuen Gesellschaft sich beteiligenden Aktionäre haben ein offenbares Interesse daran, die Aktiva möglichst niedrig in die Bilanz einzustellen, denn dadurch wird das Vermögen der aufgelösten Gesellschaft geringer erscheinen und die Anteile der Ausscheidenden entsprechend niedriger ausfallen. Da nun drei Vierteile des Grundkapitals bei der neuen Gesellschaft beteiligt sein müssen (§ 78 Abs. 3), so werden sie, wenn anwesend, in jenem Sinne die Bilanz beeinflussen. Es ist also nicht recht ersichtlich, inwiefern das sonst allerdings erschwerende Erfordernis qualifizierter Majorität, hier zur besonderen Interessenwahrung der ausscheidenden Aktionäre geeignet sein soll. Vielmehr werden die mindestens drei Vierteile des Grundkapitals darstellenden Aktionäre, die die Unternehmung fortsetzen wollen, stets erreichen, die Bilanz nach ihrem Wunsche zu gestalten. Dadurch werden die übrigen Aktionäre vor die Entscheidung gestellt, entweder sich mit einem der ihnen bei endgiltiger Auflösung zustehenden Liquidationsrate nicht entsprechenden Betrage zu begnügen, oder, um diesem wirtschaftlichen Nachteile zu entgehen, der neuen Gesellschaft beizutreten. Es kann also ein Druck in dieser Richtung entstehen, der sich nicht im Einklang befindet mit den Motiven, wo es S. 115 heißt: „Eine Umwandlung durch Majoritätsbeschluß in dem Sinne, daß auch die nicht zustimmenden Aktionäre zur Teilnahme an der neuen Gesellschaft genötigt wären, muß außer Betracht bleiben."

4. Es liegt daher die Frage sehr nahe, ob die Generalversammlung diese Bilanz in beliebiger Weise festsetzen darf, also eventuell

zum Schaden der ausscheidenden Aktionäre und welche Mittel die Minorität gegen derartiges Gebaren besitzt. Daß der Gesetzgeber, der durch Setzung des Erfordernisses einer Dreivierteilsmajorität gerade die Interessen der ausscheidenden Minderheit wahren will, nicht jener Auffassung huldigt, liegt zuvörderst auf der Hand. Um gleichwohl mangels gesetzlicher Bestimmung über die anzuwendenden Bilanzierungsgrundsätze zu einem befriedigenden Ergebnisse zu gelangen, muß man sich von folgenden Gesichtspunkten leiten lassen.

Der Aktionär hat bei Auflösung der Aktiengesellschaft einen gesetzlichen, verhältnismäßigen Anteil an dem nach durchgeführter Liquidation vorhandenen Gesellschaftsvermögen. Art. 245. Von der Regel, daß der Auflösung die Liquidation folge, bildet der Fall der Umwandlung eine gesetzliche Ausnahme. Jedoch hat dieselbe den Ausschluß jenes Rechtes nicht zur Folge. Ebenso, nämlich wie das Recht auf die Liquidationsrate einen obligatorischen Anspruch der ‚Aktiengesellschaft in Liquidation‘ gegenüber darstellt, ebenso gelten auch die ausscheidenden Aktionäre als Gläubiger der Gesellschaft m. b. H., § 79; wie das Recht auf Auszahlung der Liquidationsrate nicht sofort geltend gemacht werden kann, sondern erst nach einem Jahre, so kann auch der ausscheidende Aktionär nicht vor Eintragung der neuen Gesellschaft die Auszahlung seines Anteils fordern. Der einzige Unterschied beider Ansprüche besteht darin, daß jener, der Liquidationsanspruch, sich gründet auf die durchgeführte Versilberung des Vermögens, dieser dagegen lediglich auf einen durch Schätzung ermittelten, rechnungsmässigen Betrag. Das Recht auf letzteren ist der Ersatzanspruch für das Recht auf die Liquidationsquote und gleich diesem unentziehbar.

Nach der Rechtsprechung (R.G. Bd. VII, S. 68) enthält nun Art. 245, auf den sich jenes Einzelrecht stützt, kein zwingendes Recht. Es ist darnach zulässig, daß im ursprünglichen Statute Bestimmungen nach der Richtung getroffen sind, wonach das Vermögen der Gesellschaft bei Auflösung in anderer als in Art. 245 angegebener Weise verwandt wird. Wäre daher bei Gründung der Aktiengesellschaft statutarisch festgesetzt, daß für den Fall einer Umwandlung in eine Gesellschaft m. b. H. als Umwandlungsbilanz des Abs. 4 § 78 die Jahresbilanz gelten solle, so würde beim Eintritt des vorausgesehenen Falles diese statutarische Bestimmung Kraft haben und die Anwendung der Bewertungsgrundsätze des Art. 31 ausschliessen. Das Einzelrecht des Aktionärs bewegt sich von seiner Entstehung ab in eingeengten Schranken. Während bestehender Aktiengesellschaft wird eine Statutenänderung in gedachter Richtung dann unbedenklich als statthaft zu bezeichnen sein, wenn dieselbe einstimmig erfolgt. Eine Zulässigkeit, genannte Änderung durch

Majoritätsbeschluß nach Art. 215 herbeizuführen, wird dagegen nicht anerkannt werden dürfen. Zweifelsohne würde eine derartige Feststellung gleichbedeutend sein mit der Preisgabe der ausscheidenden Aktionäre an die das Unternehmen fortsetzenden Mitglieder. Denn sobald eine Dreivierteilsmajorität für die Umwandlung gewonnen wäre, würde dieselbe zunächst eine Statutenänderung, für die sie die erforderliche Stimmenzahl besitzt, in der Richtung herbeiführen, daß die Umwandlungsbilanz nach den Grundsätzen der Jahresbilanz aufgestellt werden solle. Dadurch aber würde eine Benachteiligung der ausscheidenden Aktionäre und eine teilweise Entziehung unverkürzbarer Rechte unter Umständen eintreten. Die Zuständigkeit der Generalversammlung, mittels Majoritätsbeschlüsse Statutenänderungen vorzunehmen, findet seine Schranke in der Gleichstellung der Aktionäre.

5. Der Bilanzgenehmigungsbeschluß unterliegt als Generalversammlungsbeschluß der gewöhnlichen Anfechtung. Von besonderem Interesse ist der Fall, daß eine Anfechtung desselben wegen Anwendung anderer als der in Art. 31 enthaltenen Bewertungsgrundsätze erfolgt. Hat in der beschließenden Versammlung ein Aktionär Widerspruch zu Protokoll erklärt und der Registerrichter diesen für unbegründet erachtet, so kann die endgiltige Entscheidung im Wege der Klage herbeigeführt werden. Diese ist gegen Vorstand und Aufsichtsrat der aufgelösten Aktiengesellschaft zu richten. Ist die neue Gesellschaft bereits zur Eintragung gelangt, ehe der für die Erhebung der Klage laufende Zeitraum von einem Monate verstrichen ist, existieren also auch die Organe der aufgelösten Gesellschaft nicht mehr, so ist die Gesellschaft m. b. H. die Beklagte. Auf sie geht das ganze Vermögen der aufgelösten Aktiengesellschaft im Wege der Universalsuccession über, also auch der auf jenem lastende Anfechtungsanspruch eines früheren Aktionärs. Daraus ergiebt sich auch, daß, falls nach der Klaganstellung die Eintragung der neuen Gesellschaft erfolgt, der Anspruch in dem Zustand, in dem er sich befindet, auf sie als Universalnachfolgerin übergeht. Die Stellungnahme des Registerrichters zum erhobenen Widerspruche gegen die Bilanzgenehmigung ist also nicht präjudiziell für die Durchführung der Anfechtungsklage. Der Prozeßrichter hat in Verfolg der Anfechtung die Prüfung der Bilanz vorzunehmen. Ist das Ergebnis die Abweisung des Klaganspruches, so wird die Existenz der neuen Gesellschaft in keiner Weise in Frage gestellt. Dringt hingegen der Anfechtende mit seiner Klage durch, wird also die Unrichtigkeit der Bilanzaufstellung, die auch durch die Eintragung nicht geheilt worden ist, festgestellt, so wird damit eine Voraussetzung für das rechtmässige Bestehen der neuen Gesellschaft genommen. Die Bilanz

hatte neben dem einen Zweck, die Anteile der Ausscheidenden festzustellen, noch den anderen, den Betrag namhaft zu machen, nach dessen Höhe sich die Stammeinlagen der sich beteiligenden Aktionäre bemessen sollte. Die Angabe derselben im Gesellschaftsvertrage ist aber nach § 3 Ziff. 4 ein wesentliches Erfordernis desselben, mithin eine Voraussetzung für das Bestehen der neuen Gesellschaft. Fällt diese Bestimmung nachträglich weg, so ist auch das Nichtbestehen der Gesellschaft m. b. H. eine notwendige Folge. Jedoch liegt eine von Anfang an wirkende Ungiltigkeit deshalb nicht vor, weil, wenn die Anfechtung innerhalb des einen Monates nicht erfolgt wäre, die Gesellschaft unanfechtbar weiter bestanden haben würde, und weil eine Gesellschaft entstanden war, die als solche bestehen konnte.

Andererseits lässt sich auch nicht sagen, daß die Gesellschaft auf Grund einer neu aufzustellenden Bilanz weiterbestehe. Denn die richtig gestellte Bilanz kann zu einem wesentlich anderen Ergebnis führen, als die frühere, sodaß die Mitglieder sich nicht mehr für gebunden erachten. Auch kann die richtige Bilanz in der Weise ausfallen, daß den gesetzlichen Vorschriften über das Stammkapital (§ 78 Abs. 2) und über den durch ehemalige Aktionäre darzustellenden Anteil an demselben (§ 78 Abs. 3) verletzt sind. Jedenfalls stellt das die Umwandlungsbilanz für ungiltig erklärende Urteil keine richtige Bilanz her, mithin sind auch nicht die Stammeinlagen der Mitglieder bezeichnet; es schafft also auch diese für die Existenz der Gesellschaft wesentliche Bedingung nicht. Vielmehr führt das alle Aktionäre der aufgelösten Gesellschaft bindende Urteil des Prozeßrichters, das die Bilanz für falsch aufgemacht erklärt, die Auflösung der Gesellschaft m. b. H. herbei. Die notwendige Folge ist die Liquidation nach § 60 fg.

Einer Ansicht (Neukamp l. c. S. 186), wonach bei unrichtiger Bilanzaufstellung dem Aktionär neben der Klage aus Art. 222 (190a) noch ein auf Verletzung seines Sonderrechts sich stützender Anspruch gegen die neue Gesellschaft zugestanden wird, in Verfolg dessen er nicht den Bestand jener angreifen, sondern für seine Person lediglich einen größeren Anteil ausgezahlt erhalten will, ist um deswillen nicht zuzustimmen, weil der Aktionär als solcher gegen die Gesetz und Statut verletzenden Generalversammlungsbeschlüsse nur die Klage aus Art. 222 (190a) als Rechtsbehelf besitzt. (Gierke S. 264).

Kapitel III.

Gründungsstadium der Gesellschaft mit beschränkter Haftung.

Das letzte Stadium der Umwandlung ist das der Errichtung der neuen Gesellschaft. Die Motive (S. 116) lassen erkennen, daß für diese Errichtung im allgemeinen die im Gesetz § 2—5 gegebenen Bestimmungen gelten sollen, sofern nicht durch § 78 eine Abänderung eintritt.

A. Zunächst ist den Aktionären Gelegenheit zu geben, sich mit dem auf ihre Aktien entfallenden Anteile am Vermögen der aufgelösten Aktiengesellschaft bei der neuen Gesellschaft zu beteiligen. Es ist hierbei nicht vorausgesetzt, daß dieser Anteil bereits bekannt ist. Wäre dies erforderlich, so müßte die Bilanzaufstellung stets dieser Mitteilung vorangehen. Dies ist jedoch nicht nötig. Vielmehr kann die Bekanntgabe der Gelegenheit zum Beitritt schon vorher erfolgen, sogar noch während des Bestehens der Aktiengesellschaft. Die Motive erklären es nämlich für zulässig, daß Umwandlungs- und Bilanzgenehmigungsbeschluß unmittelbar hintereinander gefaßt und sofort der neue Gesellschaftsvertrag unterzeichnet werden könne. (Mot. S. 116.) Daher muß bereits bei bestehender Aktiengesellschaft diese Bekanntgabe erfolgt sein können. Sie ist vom Vorstande der Aktiengesellschaft, der für Einhaltung der Vorschriften des § 78 verantwortlich ist, zu erlassen. Bezüglich der Art und Weise, in der sie zu geschehen hat, bestimmt das Gesetz nur, daß sie „in geeigneter Weise“ erfolgen muß und hebt als Beispiel die öffentliche Bekanntmachung hervor. (§ 78, Abs. 3.) Es kann dies also bei Aktiengesellschaften mit Namensaktien durch Briefe erfolgen, oder in anderen Fällen den Aktionären, die den Auflösungsbeschluß gefaßt haben, in jener Versammlung mündlich mitgeteilt werden.

Daraus, daß in geeigneter Weise Gelegenheit zum Beitritt gegeben werden soll, ist einerseits zu entnehmen, daß die Zeit und der Ort des Abschlusses des Gesellschaftsvertrages zu bezeichnen ist, andererseits, daß der Beitritt, wie bereits (S. 33) kurz erwähnt ein völlig freiwilliger seitens der einzelnen Aktionäre sein soll. Diese Nichtausübung eines Zwanges beruht auf der richtigen Auffassung der verschiedenen Rechtslage eines Aktionärs und eines Mitgliedes einer Gesellschaft m. b. H. (s. S. 53). Nur insoweit sollen die Aktionäre zum Beitritt gezwungen sein, als sie der Umwandlung zugestimmt haben (Mot. 116). Wenn eine derartige Nötigung mit

Rücksicht darauf, daß eine später erst erfolgende Nichtbeteiligung die ganze Umwandlung in Frage ziehen kann, berechtigt ist, so giebt doch das Gesetz keine Handhabe, einen zurücktretenden Aktionär zur Beteiligung zu zwingen. Mittels Stipulation von Konventionalstrafen würde dieses Ziel jedoch leicht zu erreichen sein.

Was die Folgen anlangt, wenn die Gelegenheit zur Beteiligung nicht gegeben ist, so ist davon auszugehen, daß sämtliche Bestimmungen des § 78 insofern eine Voraussetzung für das Zustandekommen der neuen Gesellschaft bilden, als eine Eintragung nicht erfolgen darf, bevor ihre Beobachtung dem Registerrichter nicht nachgewiesen ist.

B. Indem der Vorstand die Gelegenheit zum Beitritt bekannt giebt, wird er zweckmäßig zugleich die Aufforderung, sich an der Gründungsversammlung zu beteiligen, ergehen lassen. Diese Versammlung trägt rechtlich nicht den Charakter einer Generalversammlung. Ebenso wie bei Errichtung einer Gesellschaft m. b. H. der Gesellschaftsvertrag einstimmig festgesetzt werden muß, so kennt auch die Gründungsversammlung im Umwandlungsfalle, wenngleich sie sich thatsächlich aus Aktionären der aufgelösten Gesellschaft zusammensetzen mag, eine Festsetzung durch Majoritätsbeschlüsse nicht. Unter den Kontrahenten muß Einstimmigkeit herrschen. Die Gründungsversammlung wählt die Geschäftsführer der neuen Gesellschaft (§ 6). Es steht nichts im Wege, daß diese sich aus den Mitgliedern des Vorstandes zusammensetzen, und thatsächlich wird sich dies, weil zweckmäßig, auch immer empfehlen.

C. In dieser Versammlung wird außerdem der Gesellschaftsvertrag errichtet. Derselbe bedarf des Abschlusses in gerichtlicher oder notarieller Form und seine Unterzeichnung hat nach der in § 2 bestimmten Weise zu erfolgen.

1. Was den Inhalt desselben anlangt, soweit ein Eingehen vom Standpunkte der Umwandlung Interesse bietet, so ist bezüglich der ‚Firma‘ hervorzuheben, daß diese stets die der aufgelösten Aktiengesellschaft bleiben kann. Dass dies natürlich nur in dem Umfange gilt, als die Firma selbst nicht die Angabe der Gesellschaftsform „Aktiengesellschaft“ enthält, ist um der Erwägung willen selbstverständlich, weil die neue Gesellschaft in ihrer Firma stets den Zusatz „mit beschränkter Haftung“ tragen muß. § 4. Eine Verlegung des Sitzes der Aktiengesellschaft während der Umwandlung wird man schon aus dem Grunde, daß dadurch die Kontinuität des Unternehmens wesentlich in Frage gestellt wird, als unzulässig bezeichnen. Schwierigkeiten bezüglich des Gegenstandes des Unternehmens sind kaum denkbar, weil Gesellschaften m. b. H. zu jedem gesetzlich zulässigen Zwecke errichtet werden können. Da ferner

kraft Gesetzes alle Rechte der Aktiengesellschaft auf die neue Gesellschaft übergehen, wird eine jener erteilte staatliche Genehmigung zum Betriebe eines dieser bedürfenden Unternehmens ohne weiteres auch für die neue Gesellschaft gelten.

2. Wichtiger sind die bei der Errichtung zu beachtenden Vorschriften über die Höhe des Stammkapitales.

a. Zunächst steht fest, daß der für das Stammkapital jeder Gesellschaft m. b. H. festgesetzte Minimalbetrag von 20 000 Mark auch für die durch Umwandlung entstehenden Gesellschaften gilt. War also das Grundkapital der aufgelösten Aktiengesellschaft geringer, so muß es auf diese Höhe durch Einzahlung von Stammeinlagen oder durch Einbringen von nicht in Geld bestehenden Einlagen gebracht werden. Beim Ausscheiden von Aktionären erhöhen sich diese Beträge um die an jene nach § 79 Abs. 2 auszuzahlenden Anteile am Gesellschaftsvermögen. Eine Zuführung neuen Kapitals kann nur dann unterbleiben, wenn das Vermögen der Aktiengesellschaft das Grundkapital bis zu jener Höhe von 20 000 Mark übersteigt und alle Aktionäre beitreten, oder wenn von dem den Betrag von 20 000 Mark übersteigenden Vermögenswerte die Anteile der ausscheidenden Aktionäre ausgezahlt werden können.

Überstieg jedoch das Grundkapital der aufgelösten Aktiengesellschaft die eben erwähnte Mindestgrenze von 20 000 Mark, so stellt der Gesetzgeber bei der Umwandlung als weiteres Minimum des Stammkapitals die Höhe des Grundkapitals hin (§ 78 Abs. 2). Durch diese Bestimmung will der Gesetzgeber erreichen, daß den Gesellschaftsgläubigern dieselbe Kreditbasis erhalten bleibt und eine Gefahr für sie bei der Umwandlung durch Wegfall der Liquidation nicht entsteht. Die neue Gesellschaft soll nach ihren wirtschaftlichen Grundlagen im wesentlichen identisch mit der aufgelösten sein.

b. Maaßen (W. 1892, S. 263 und 281 f.) stellt für den Betrag des Stammkapitals noch ein drittes Minimum auf, indem er verlangt, das Stammkapital müsse außerdem soviel betragen, als drei Vierteile des Vermögens der aufgelösten Aktiengesellschaft. Er folgert: Da aus Abs. 3 § 78 hervorgeht, daß die Aktionär-Mitglieder der Gesellschaft m. b. H. mindestens drei Vierteile des Grundkapitals besitzen müssen, und da von einer Auszahlung nur bezüglich der sich nichtbeteiligenden Aktionäre in § 79 Abs. 2 die Rede ist, so müssen die sich beteiligenden Mitglieder mit dem ihrem Aktienbesitze entsprechenden Anteile am Vermögen der Aktiengesellschaft Teilhaber der neuen Gesellschaft werden; dies hat in Form von Stammeinlagen zu geschehen. Neukamp (Comm. p. 293), der dieser Ansicht im allgemeinen zustimmt, ist der Ansicht, daß diese Beteiligung nur bis zu der Höhe die Form von Stammeinlagen anzunehmen habe, bis zu welcher sich das Grundkapital der Aktiengesellschaft belaufe, im übrigen aber als Nachschuß der Gesellschaft zur Verfügung stehen könnte.

Betrachtet man, welche Gründe Maaßen zu jener Auslegung geführt haben, so sind es zwei: der Zweck der Umwandlung und die Rücksichtnahme auf die Gläubiger der Aktiengesellschaft. Es soll, so führt er aus, das alte Unternehmen möglichst in altem Bestande nach Personen und Vermögen erhalten bleiben. Dies würde nicht der Fall sein, wenn die Beitretenden nicht den ganzen Wert ihrer Aktien, sondern nur einen ihrem Normalwert entsprechenden Teil ihres Vermögensanteiles einbrächten. — Ohne Zweifel legt der Gesetzgeber Gewicht darauf (Mot. S. 116), daß die neue Gesellschaft nach ihren wirtschaftlichen Grundlagen und nach dem Kreise der Beteiligten im wesentlichen mit der früheren Aktiengesellschaft identisch ist. Was den Kreis der Beteiligten anlangt, so ist wohl unbestritten nicht darauf Gewicht zu legen, daß in der neuen Gesellschaft das numerische Verhältnis der neu beitretenden Mitglieder zu den Gesellschaftern, die zugleich ehemalige Aktionäre sind, zu Gunsten der letzten Gruppe ausfalle. Dem Charakter der Aktiengesellschaft wenigstens entspräche es nicht, auf die Persönlichkeiten der Mitglieder Gewicht zu legen, und auch die neue Gesellschaft huldigt insofern diesem Grundsatze, wenn es § 48 heißt, daß mangels statutarischer Bestimmung je 100 Mark eine Stimme bilden. Bei beiden Gesellschaften ist es das Verhältnis der Beteiligung, einer Person am Grundkapitale, welches den ihr zukommenden Einfluß begründet. Es mußte also der Gesetzgeber nicht darauf achten, daß der Personenbestand bei der Umwandlung gewahrt bleibe, sondern darauf, daß der maßgebende Einfluß in der neuen Gesellschaft den Mitgliedern der ehemaligen Aktiengesellschaft erhalten bleibe. Da dieser Einfluß sich auf Grund der Kapitalbeteiligungsquote bemißt, so war eine Bestimmung nur nach der Richtung geboten, daß der Betrag von drei Vierteilen des Grundkapitals durch Vermögensbestandteile der aufgelösten Aktiengesellschaft im Stammkapitale verbürgt sei. Dies ist im 2. Satze Abs. 3 § 78 geschehen, wo es heißt: „Die Aktien der sich beteiligenden Mitglieder müssen mindestens drei Vierteile des Grundkapitals der aufgelösten Gesellschaft darstellen“.

Es herrscht nun darüber Streit, in welchem Umfange die Identität des Kapitals gewahrt werden muß. Bezüglich der Auslegung des in Frage stehenden, soeben angeführten Satzes ist vorauszuschicken, daß Einigkeit über die Auffassung der Worte Aktie und Grundkapital herrscht. ‚Aktie‘ besitzt hier nicht die Bedeutung Aktienrecht, noch weniger Aktienbrief, sondern den Sinn:

Bruchteil am Gesellschaftsvermögen. Es ist darunter in der Regel ein anderer Betrag zu verstehen, als der, auf den der Aktienbrief lautet. Hingegen ist unter ‚Grundkapital‘ nach der im Aktienrechte gebräuchlichen Gesetzessprache lediglich der Nominalbetrag zu verstehen, ohne Rücksicht auf den Wert des Gesellschaftsvermögens und die Höhe der erfolgten Einzahlung. Das Grundkapital ist die wirtschaftliche Grundlage, auf der die Aktiengesellschaft aufgebaut war. Diese für die neue Gesellschaft mindestens im alten Umfange zu erhalten, ist des Gesetzgebers wortdeutliches Bestreben (2. Abs. § 78). Daß sie in vermehrtem Zustande auf die Gesellschaft m. b. H. übergehe, ist ohne Interesse für ihn. Gleichwohl führt die Maaßen-Neukamp'sche Ansicht zwingend zu diesem Ergebnis dann, wenn der Vermögenswert der Aktiengesellschaft mehr als $133^1/_3\,\%$ des Grundkapitals betrug. Denn da nach jener Ansicht sich die Inhaber von drei Vierteilen der Aktien mit dem auf diese entfallenden Vermögensanteile bei der neuen Gesellschaft beteiligen müssen, so folgt mit Notwendigkeit, daß bei dem angenommenen Vermögensverhältnisse ein das Grundkapital übersteigendes Stammkapital sich ergiebt. Es würde also bei gut situiert gewesenen Aktiengesellschaften sehr leicht der der neuen Gesellschaft nachteilige Fall eintreten, daß — selbst bei der geringsten gesetzlich zulässigen Beteiligung ehemaliger Aktionäre — ihr mehr Kapital aufgenötigt würde, als sie zum Betriebe brauchte. Eine Rückzahlung aber nach § 30 würde unstatthaft sein, da das Vermögen, welches zur Erhaltung des Stammkapitals auf der bei der Errichtung bestimmten Höhe erforderlich ist, an die Gesellschafter nicht ausgezahlt werden darf (§ 30 Abs. 1). — Wenn Neukamp willkürlich annimmt, daß der Überschuß in Form von Nachschüssen der Gesellschaft erhalten bleiben solle, so ist dies als ein nicht besonders glücklicher Ausweg zu betrachten, da die Gesellschafter sich dann in der unangenehmen Lage befinden, jederzeit die Einforderung derselben gewärtigen und einen entsprechenden Teil ihres Vermögens für einen derartigen Fall freihalten zu müssen. In jedem Falle schiessen beide Auslegungen bei einem oben bezeichneten günstigen Vermögenszustande der Aktiengesellschaft über das vom Gesetzgeber gewollte Ziel hinaus, indem sie die wirtschaftliche Grundlage der neuen Gesellschaft erweitern. Dagegen deckt die hier vertretene Ansicht, wonach aus dem bestrittenen Satze nur hervorgeht, daß im Stammkapitale drei Vierteile des Grundkapitals durch Anteile ehemaliger Aktionäre dargestellt sein sollen, sich mit der vom Gesetzgeber gestellten Anforderung, daß die wirtschaftlichen Grundlagen beider Gesellschaften nur im wesentlichen identisch seien.

Geht also aus dem Zwecke der Umwandlung die Notwendigkeit

der gegnerischen Ansicht zuzustimmen, nicht im mindesten hervor, so gelangt man zu gleichem Resultate, wenn man den anderen Grund in Betracht zieht, dem folgend die bestrittene Auffassung zu dem erwähnten Ergebnis führt. Maaßen (l. c.) glaubt, daß seine Auslegung allein den Gläubigern genügende Sicherheit gewährleiste. Beachtet man nun, daß bei bestehender Aktiengesellschaft die Kreditbasis für die Gläubiger lediglich in dem gezeichneten Grundkapitale besteht, daß also ein Recht auf Errichtung und Erhaltung von Reservefonds außer dem gesetzlichen des Art. 239b (185b), dessen Zweckbestimmung jedoch schlechthin gesetzlich geregelt ist — nämlich zur Deckung eines aus der Bilanz sich ergebenden Verlustes — nicht besteht, so kann man schwerlich erkennen, worin eine Benachteiligung der Gesellschaftsgläubiger liegen soll, wenn das Stammkapital der neuen Gesellschaft denselben Betrag aufweist, den das Grundkapital bezeichnete.

Dürften also die gegen obige Auslegung angeführten Gründe zugleich die hier vertretene Ansicht unterstützen, so ergiebt sich eine weitere Begründung aus dem Gesetze selbst. Vom unbefangenen Leser wird bei der Voraussetzung, daß Aktie als quotaler Anteil am Gesellschaftsvermögen gedacht wird, der zweite Satz im Abs. 2 § 78 kaum anders als dahin verstanden werden, daß die Anteile am Vermögen der Aktiengesellschaft seitens der sich bei der neuen Gesellschaft beteiligenden Mitglieder mindestens drei Vierteile des Grundkapitals der aufgelösten Gesellschaft darstellen müssen. Die Summe von drei Vierteilen des Nominalbetrages vom Grundkapital soll in dem mindestens auf gleiche Höhe wie dieses sich beziffernden Stammkapitale durch ehemalige Aktionäre als Gesellschafter vertreten sein. Wieviel Anteile dazu nötig sind, ist reine Thatfrage. Bei gut gestellten Aktiengesellschaften werden nicht drei Vierteile der Anteile nötig sein, um einen Betrag von drei Vierteilen des Nominalbetrages zu repräsentieren; bei schlecht bilanzierten werden mehr nötig sein. Hierdurch wird, wenn die Höhe des Stammkapitales nicht höher normiert wird als das Grundkapital, stets erreicht, daß der Einfluß der Aktionär-Mitglieder bei der neuen Gesellschaft ein den neu hinzutretenden Mitgliedern von Anfang an überlegener ist. Dies ist aber das beste Mittel, um die Aktiengesellschaft im alten Geiste, wenn auch in veränderter Form, weiterzuführen.

c. Ist somit dargethan, in welchem Umfange Aktionäre sich an der neuen Gesellschaft beteiligen müssen, so ist noch des weiteren die Frage zu beantworten, in welchem Umfange sich die Aktionäre beteiligen können und zwar zunächst der Einzelaktionär bezüglich einer einzelnen Aktie, sodann in Anbetracht seines gesamten Aktienbesitzes und endlich die Gesamtheit der Aktionäre.

Muß ein Aktionär sich mit dem ganzen auf seine einzelne Aktie entfallenden Anteile an der neuen Gesellschaft beteiligen? Maaßen, der dies bejaht (l. c.), giebt selbst zu, daß aus dem Abs. 3 § 78, wonach den Aktionären Gelegenheit gegeben werden soll, sich mit dem auf ihre Aktien entfallenden Anteile zu beteiligen, noch nicht die Pflicht des Aktionärs folge, sich entweder gerade mit dem auf die einzelne Aktie entfallenden Anteile zu beteiligen oder gar nicht beizutreten. Die Bejahung jener Frage aber lediglich darauf zu stützen, daß das Gesetz die Herauszahlung eines Teiles des auf eine Aktie entfallenden Vermögenswertes nicht erwähnt, sondern in § 79 Abs. 2 schlechthin von der Auszahlung eines dem Anteil am Vermögen der aufgelösten Gesellschaft entsprechenden Betrages spricht, ist um deswillen bedenklich, weil nicht ersichtlich sein würde, warum dem Aktionär, wenn ihm unbenommen ist, das Ganze zu fordern, die Möglichkeit genommen sein solle, nur einen Teil zu verlangen. Würde doch eine strenge Durchführung der Maaßen'schen Grundsätze an der Bestimmung scheitern, wonach jede Stammeinlage eine runde, durch 100 teilbare Summe betragen muß (§ 5 Abs. 3), in den seltensten Fällen aber der auf jede Aktie entfallende Antheil diesem Erfordernisse entsprechen würde.

Wenn also dem Aktionär nicht versagt werden kann, der neuen Gesellschaft nur mit einem Teil eines auf seine einzelne Aktie entfallenden Anteils beizutreten, so bleibt ihm viel weniger unbenommen, mit wieviel Aktienanteilen er überhaupt beitreten will. Maaßen, der das erste bestreitet, giebt das letztere zu, sofern er für folgenden Fall — an dem Betrage, den drei Vierteile des Vermögens der aufgelösten Aktiengesellschaft darstellen, fehlen bei der Gründung im Wege der Umwandlung noch 7 Aktienanteile — einem Aktionär, der 10 Aktien besitzt, die Möglichkeit einräumt, sich mit 7 Aktien an der neuen Gesellschaft zu beteiligen, bezüglich der übrigen drei aber Auszahlung zu verlangen. Auch Neukamp (Comm. S. 292) erkennt eine Pflicht des Aktionärs, sich mit seinem ganzen Aktenbesitze an der Gesellschaft m. b. H. zu beteiligen, nicht an.

Besteht sonach auf Seiten des Einzelaktionärs Freiheit, in welchem Umfange er sich beteiligen will, so korrespondiert auf der andern Seite die Pflicht der neuen Gesellschaft, ihn mit seinem ganzen Aktienbesitze zuzulassen. Wie der Einzelne mit seinem ganzen Aktienbesitze zugelassen werden muß, so müssen auch weiter alle Aktionäre zugelassen werden. Dabei wird sich allerdings meistens durch Aufteilung des Reservefonds ein höheres Vermögen der neuen Gesellschaft ergeben, als das Grundkapital bezifferte. Doch ist dieser Fall von dem obigen (S. 41) zu unterscheiden. Dort handelte es sich um die Frage, wie viele Aktionäre müssen der neuen Gesellschaft beitreten, dies war eine reine Thatfrage, deren Antwort lautete: so viel, daß die auf sie entfallenden Anteile am Vermögen der aufgelösten Aktiengesellschaft drei Vierteile des Grundkapitals derselben darstellen. Hier dagegen liegt der Schwerpunkt in der Frage, wieviel Aktionäre können sich beteiligen, wieviel muß die neue Gesellschaft zum Beitritt annehmen; sie ist ohne Rücksicht auf Grundkapital und Vermögenswert der Aktiengesellschaft gelöst und ihre Antwort lautet: es können sämtliche Aktionäre sich beteiligen und es müssen alle angenommen werden. Erheischt nun das Interesse der Gesellschaft m. b. H. nicht die Verwendung des den Betrag des Grundkapitals übersteigenden Vermögens der Aktiengesellschaft, so wird auch das Stammkapital nicht höher festgesetzt werden als das Grundkapital. Bei Beteiligung sämtlicher Aktionäre im vollen Umfange ihrer Anteile hat dann eine verhältnismäßige Reduktion einzutreten. Diese teilweise Rückzahlung widerspricht nicht dem § 30 (vergl. S. 41), wo nur die Rückzahlungen, durch die das zur Erhaltung des Stammkapitals nötige Vermögen angegriffen wird, untersagt sind.

3. Diese Beteiligung der Aktionär-Mitglieder hat stets in Form einer Stammeinlage zu geschehen. Denn da die für die Errichtung einer Gesellschaft m. b. H. in §§ 5—11 gegebenen Bestimmungen bei der Umwandlung insoweit wegfallen, als § 78 etwas anderes festsetzt, so muß Abs. 2 § 5, nach welchem kein Gesellschafter bei der Errichtung mehrere Stammeinlagen übernehmen kann — da § 78 bezügliche Abänderungen nicht enthält — auch hier zur Anwendung gelangen. Falsch ist es daher, wenn es in der erwähnten Entscheidung des Reichsgerichts vom 5. Mai 1894 heißt: „Wer den Vertrag über Errichtung einer solchen Gesellschaft (sc. m. b. H.) unter Übernahme eines oder mehrerer Stammanteile unterzeichnet, erkennt den Gesellschaftsvertrag an.“ Bei der Umwandlung wie bei der Neugründung kann sich jeder Gesellschafter nur mit einer Stammeinlage beteiligen. Sie bemißt sich auf Grund der Umwandlungsbilanz und ist auf einen durch 100 teilbaren Betrag abzurunden (§ 5 Abs. 3). Außerdem hat sie dem Erfordernis von § 5 Abs. 1 zu genügen, wonach als Mindestgrenze der Stammeinlage 500 Mk. bezeichnet sind.

Das Einbringen der sich beteiligenden Aktionäre besteht nicht in Geld, sondern in einem Rechte von dem aus der Bilanz ersichtlichen Vermögenswerte. Dieses Recht ist wie bei der Liquidation ein Mitgliedschaftsrecht vorwiegend obligatorischer Natur (Gierke, S. 325). Da nun Abs. 4 § 5 bestimmt, daß die auf das Stammkapital gemachten Einlagen der Gesellschafter, die nicht in Geld bestehen, einer besonderen Festsetzung im Gesellschaftsvertrage bedürfen, so ergiebt sich, daß im Falle der Umwandlung daselbst die Aktionär-Mitglieder und der Betrag ihres Anteils genau zu bezeichen sind. „Gegenstand der Einlage" ist ihr Recht auf verhältnismäßigen Anteil. Tritt jedoch ein Aktionär mit einem höheren Betrage bei, als sein Anteil am Aktiengesellschaftsvermögen lautet, und leistet er den überschreitenden Teil in Geld, so wird die eben erwähnte specielle Festsetzung im Gesellschaftsvertrage nur bezüglich des Betrages zu erfolgen haben, der als verhältnismäßiger Anteil am Vermögen der aufgelösten Gesellschaft eingebracht ist. Für die übrige Summe erfolgt die Festsetzung nach § 3 Ziff. 4, d. h. wie bei einem neu eintretenden Gesellschafter. Dies wird besonders dann der Fall sein, wenn eine Aktiengesellschaft, die Unterbilanz aufweist, umgewandelt werden soll und neue Mitglieder nicht hinzukommen. Hier tritt Erhöhung der Stammeinlage über den Betrag des entsprechenden Vermögensanteils am Grundkapitale ein und hat entweder in Geld oder im Einbringen von Vermögensgegenständen nach Abs. 4 § 5 zu geschehen. Jedoch kann zunächst dieser Betrag als Einlagerückstand verbleiben, sofern jener Vermögensanteil ein Vierteil der Stammeinlage beträgt, mindestens aber den Betrag von 250 M. erreicht (§ 7 Abs. 2).

Jenes Forderungsrecht, das allen Aktionären nach Verhältnis ihrer Anteile in gleicher Weise zusteht, kann von den Ausscheidenden nicht sofort geltend gemacht werden. Ebensowenig wie bei der Liquidation die Aktionäre unmittelbar nach der Auflösung Auszahlung ihres verhältnismäßigen Anteils verlangen können, so auch bei der Umwandlung. Dort hindert das gesetzlich vorgeschriebene Sperrjahr alsbaldige Verteilung, hier bestimmt § 79, daß von den ausscheidenden Aktionären Auszahlung ihrer Anteile nur von der neuen Gesellschaft gefordert werden könne, also nach der Eintragung. Die Ansprüche der beitretenden Aktionäre erlöschen durch Konfusion. Durch die Beitrittserklärung tritt nämlich eine Verpflichtung der neuen Gesellschaft gegenüber ein, diese aber wird mit ihrer Eintragung Universalnachfolgerin der Aktiengesellschaft, folglich wird insoweit Konfusion herbeigeführt, als der Aktionär sich beteiligt. Für den Betrag, mit dem er nicht beitritt, steht er den übrigen Gläubigern gleich. —

D. Ist der Gesellschaftsvertrag den formellen und materiellen Erfordernissen entsprechend rechtsgiltig abgeschlossen, so tritt der Vorstand, sofern nicht seine Mitglieder zu Geschäftsführern bestellt worden sind, außer Thätigkeit. Förtsch (Comm. § 78 Anm. 13 i. f.) nimmt den Zeitpunkt der Eintragung als maßgebend dafür an. Er unterläßt die Begründung seiner Ansicht. Unschwer läßt sich jedoch erkennen, daß er durch die Motive zu seiner Annahme verleitet worden ist (Mot. S. 118). Allerdings wird daselbst eine Verantwortlichkeit des Vorstandes und Aufsichtsrates der Aktiengesellschaft für die Innehaltung der Vorschriften in § 76 des Entwurfes (jetzt § 78 und 79) mit Ausnahme von Abs. 6 (jetzt § 79 Abs. 3) statuiert. Förtsch übersieht demnach, daß der jetzige Abs. 5 § 78 erst später hinzugefügt ist. — Die in demselben vorgeschriebene Anmeldung der neuen Gesellschaft zur Eintragung muß nun durch die Geschäftsführer erfolgen und kann nicht von dem Vorstand bewirkt werden. Es bestimmt nämlich § 76, daß die im Gesetze vorgeschriebenen Anmeldungen zum Handelsregister durch die Geschäftsführer einzureichen sind. Wollte der Gesetzgeber in dem fast unmittelbar folgenden § 78 bezüglich der daselbst vorgeschriebenen Anmeldung eine Ausnahme eintreten lassen, so hätte dies hervorgehoben werden müssen. Es ist auch kein innerer Grund vorhanden, der zur Annahme jener Ansicht zwingt. Mit der rechtsgiltigen Errichtung des Gesellschaftsvertrages ist die Umwandlung in der Hauptsache erledigt; es ist Klarheit erreicht, ob die nötige Anzahl Aktionäre beitritt. Nach innen hat das körperschaftliche Nachleben der Aktiengesellschaft aufgehört. Es ist also Aufgabe der gewählten (§ 6) Geschäftsführer, die Anmeldung der neuen Gesellschaft zur Eintragung ins Handelsregister zu bewirken. Hierbei sind die gewöhnlichen Bestimmungen in §§ 7—11 zu beobachten. Binnen eines Monates nach Auflösung der Aktiengesellschaft muß die Anmeldung — nicht aber die Eintragung — erfolgt sein. Diese Frist berechnet sich mangels anderweitiger Bestimmungen nach § 200 C.P.O.

E. Die Eintragung der neuen Gesellschaft darf nach dem zweiten Satze in Abs. 5 § 78 nur erfolgen, nachdem die Beobachtung der in jenem Paragraph gegebenen Bestimmungen dem Registerrichter nachgewiesen, d. h. nicht blos glaubhaft gemacht ist. Der Gesetzgeber hat also dem Registergerichte die ihm zustehende Prüfung in verstärktem Maße zur Pflicht gemacht.

1. In welchem Umfange diese Prüfung zu geschehen hat, bestimmt sich aus der Stellung, die der Registerrichter im allgemeinen einzunehmen hat. Zunächst ist er Wächter des Gesetzes. Demgemäß hat er grundsätzlich den Beschlüssen und Anordnungen, die gegen zwingendes Recht verstossen, Giltigkeit zu versagen, indem er die Eintragung ablehnt. Unwesentlich ist es dabei, ob eine Anfechtung von irgend einer Seite erfolgt ist oder ob jemandes Interesse geschädigt ist. Sodann charakterisiert sich die Stellung des Registerrichters negativ dahin, daß er nicht berufen ist, Rechte zu schützen, auf die verzichtet werden kann und verzichtet worden ist. Hierher gehören insbesondere Verletzungen nichtzwingender Gesetzesnormen oder statutarischer Bestimmungen. Ergiebt daher die Prüfung eine derartige Verletzung, so ist der Registerrichter noch nicht

berechtigt, bezüglichen Beschlüssen die Giltigkeit und ihre eventuelle Eintragung zu versagen, denn auch sie werden rechtsbeständig, sofern eine Anfechtung nicht vorliegt. Er hat vielmehr weiter zu prüfen, ob die Möglichkeit einer Anfechtung gegeben ist, d. h. ihre Voraussetzungen vorliegen (z. B. Widerspruch in der Generalversammlung) und — falls dies zu bejahen — ob auch thatsächlich die Anfechtungsklage erhoben ist. Hat der Registerrichter eine die Giltigkeit oder Ungiltigkeit eines solchen Beschlusses konstatierende Handlung (z. B. Eintragung) vorgenommen, so ist die Wirksamkeit derselben und mithin die Befugnis jenes endlich insofern eine beschränkt wirksame, als sie eine Schranke in dem Urteile des Prozeßrichters findet. Es untersteht der Registerrichter, wie Art. 190a i. f. bekundet, dem Prozeßrichter, mag nun dessen Urteil jenen Beschluß für giltig oder ungiltig erklären.

2. Diese drei allgemeinen Gesichtspunkte sind auch bezüglich der Prüfung des Registerrichters bei der Umwandlung ausschlaggebend für den Umfang seiner Rechte und Pflichten.

a. Dem Registerrichter ist demnach von den Geschäftsführern zunächst die Auflösung der Aktiengesellschaft nachzuweisen. Diese Nachweisung wird sich auf die gemäß Art. 243 erfolgte Eintragung der Auflösung stützen. Nicht wird der Registerrichter zu untersuchen haben, ob der zu Grunde liegende Auflösungsbeschluß rechtsgiltig gefaßt ist. Diese Prüfung hat bereits der die Auflösung eintragende Registerrichter vorgenommen, der auch allein den Vorstand der Aktiengesellschaft nach Art. 249g Abs. 2 zwingen kann, die Auflösung zur Eintragung anzumelden. In dem besonderen Falle einer gut vorbereiteten Umwandlung, bei der die Anmeldung der Auflösung zugleich mit der der neuen Gesellschaft behufs Eintragung erfolgt, hat der Registerrichter auch die rechtsgiltige Auflösung zu prüfen und es bedarf bei stattgegebener Eintragung der Auflösung eines besonderen Nachweises der letzteren nicht.

Ist der Auflösungsbeschluß seitens eines Aktionärs angefochten, so ist gleichwohl die erfolgte Eintragung der Auflösung bis zur endgiltigen Entscheidung des Rechtsstreites für den Registerrichter maßgebend. Er wird also inzwischen die Prüfung fortsetzen. Siegt der Anfechtungskläger, so steht fest, daß der Auflösungsbeschluß zu Unrecht gefaßt worden ist, also keine Wirkung äußert. War bereits die Eintragung der Auflösung geschehen, so erfolgt ebenfalls die Eintragung des Urteils (Art. 190a Abs. 5). Dadurch wird also die Umwandlung, in welchem Stadium sie sich auch befinden mochte, hinfällig, die Aktiengesellschaft besteht weiter, da sie ‚de iure‘ gar nicht aufgelöst worden ist. Anderenfalls — der Anfechtende unterliegt — ist die Anfechtung für den Gang der Umwandlung belanglos.

b. An zweiter Stelle hat der Registerrichter zu prüfen, ob den allgemeinen Erfordernissen bei Errichtung einer Gesellschaft m. b. H. wie sie §§ 2—6 vorschreiben, genügt ist. Hierbei ist der einzureichende Gesellschaftsvertrag zu Grunde zu legen. Ergiebt sich die Nichtbeobachtung einer der zwingenden Vorschriften obgenannter Paragraphen, so muß die Eintragung der neuen Gesellschaft von amtswegen abgelehnt werden. Eine trotzdem erfolgte Eintragung heilt die vorhandene Nichtigkeit nicht. Weigert der Registerrichter die Eintragung, so ist damit noch nicht die Notwendigkeit verknüpft, daß nunmehr die Liquidation der Aktiengesellschaft eintrete. Denn dadurch wird die entscheidende Thatsache, daß binnen eines Monates von Auflösung der Aktiengesellschaft ab die Anmeldung der Gesellschaft m. b. H. zur Eintragung erfolgt ist, nicht aus der Welt geschafft; nur muß die Anmeldung gesetzmäßig (§ 8) erfolgt sein. Für die Frist zwischen Anmeldung und Eintragung hat das Gesetz keine die Umwandlung bedingende Bestimmung gegeben.

c. Endlich hat sich beim Falle der Umwandlung noch eine besondere Prüfung des Registerrichters nach der Richtung anzuschließen, ob die Bestimmungen des § 78 Abs. 2—5 im jeweiligen Falle beobachtet sind, denn auch sie stellen Voraussetzungen dar, die, wie sich aus Satz 2 Abs. 5 § 78 ergiebt, für die Eintragung essentieller Natur sind.

Bezüglich des Nachweises, ob das Stammkapital nicht geringer ist, als das Grundkapital der aufgelösten Gesellschaft, wird der Prüfende sich einerseits auf die zu erbringenden Angaben des Handelsregisters über das Grundkapital stützen und andererseits aus dem Gesellschaftsvertrage zu entnehmen haben, ob die in demselben notwendig enthaltenen Angaben über die von jedem Gesellschafter auf das Stammkapital geleisteten Einlagen ihrem Betrage nach jene Summe des Grundkapitals erreichen.

Hand in Hand damit geht die Prüfung der Bilanz des Abs. 4 § 78, auf Grund deren sich der auf jede Aktie entfallende Vermögensanteil berechnet. Die Giltigkeit des zu Grunde liegenden Generalversammlungsbeschlusses ist zu versagen, wenn ein notwendiges Erfordernis, z. B. notarielle Beurkundung, fehlt. Liefert jedoch eine solche Prüfung als Ergebnis, daß nur dispositive oder statutarische Bestimmungen verletzt sind, so wird der Richter weiter erörtern, ob der Bilanzgenehmigungsbeschluß angefochten werden kann. Dies ist möglich, zunächst wenn die Berufung der dazu nötigen Generalversammlung in nicht gehöriger Weise stattgefunden hat, sodann wenn die Ankündigung des Beschlußgegenstandes, der

Bilanzgenehmigung, nicht erfolgt ist, endlich wenn von einem erschienenen Aktionär Widerspruch gegen den die Bilanz betreffenden Beschluß zu Protokoll erklärt worden ist. Fehlen diese Voraussetzungen, so hat der Registerrichter die vorgelegte Bilanz der weiteren Prüfung zu Grunde zu legen. Die Rechte, welche sich auf die genehmigte Bilanz gründen, sind lediglich privater Natur, auch die Lage der Gesellschaftsgläubiger wird nicht verschlechtert (s. S. 56); es handelt sich also auch bezüglich der Anwendung der Bewertungsgrundsätze um dispositives Recht. Ergab jedoch die Prüfung, daß ein Widerspruch seitens eines Aktionärs erfolgt ist, so kann der Registerrichter ihn für begründet erachten und dadurch, daß er jenem Beschlusse der Bilanzgenehmigung die Giltigkeit abspricht, der Anfechtungsklage den Boden entziehen, oder er hält ihn für unbegründet. In jedem Falle wird der Registerrichter sich nicht ersparen können, die Bilanz selbst zu prüfen. Der praktisch häufigste Fall wird der sein, daß die auf die Bilanz angewandten Bewertungsgrundsätze nicht dem Art. 31 entsprechen. Die Zuhilfenahme von Sachverständigen wird dem Richter ermöglichen, die Unrichtigkeit der aufgestellten Bilanz zu bejahen oder zu verneinen. Führt das Ergebnis der Prüfung dazu, daß der Widerspruch des Aktionärs ein unbegründeter war, so kann sich der bei diesem Bescheide nicht Beruhigende — da eine Beschwerde über den Registerrichter wegen der in Art. 222 (190a) gesetzten einmonatlichen Frist unthunlich ist — Anfechtungsklage erheben (s. S. 35).

Auf Grund der durch seine Prüfung als giltig befundenen Bilanz hat der Registerrichter sodann die auf die einzelnen Aktien entfallenden Anteile am Vermögen der aufgelösten Aktiengesellschaft nachzuprüfen und ebenso die den einzelnen Aktionären nach Verhältnis ihrer Aktien zukommenden Anteile. Diese verhalten sich zum Vermögen der Aktiengesellschaft wie der Nennbetrag der Aktien zum Grundkapitale.

Die weitere Prüfung hat die Einhaltung der Bestimmung zu ergeben, wonach die Aktien der sich beteiligenden Mitglieder mindestens drei Vierteile des Grundkapitals der aufgelösten Gesellschaft darzustellen haben (s. o. S. 39fg.). Diese Vorschrift ist eine zwingende; ihre Nichtbeobachtung hat der Registerrichter von amtswegen durch Zurückweisung der Eintragung zu berücksichtigen. Auch wird er hierbei die Identität der Gesellschafter, soweit sie ehemalige Aktionäre sind, feststellen.

Endlich ist dem Registerrichter nachzuweisen, daß den Aktionären Gelegenheit gegeben war, sich zu beteiligen. Diese Bestimmung in Abs. 3 § 78 ist gleichfalls eine zwingende insofern, als Thatsachen vorliegen müssen, auf Grund deren der Registerrichter annehmen kann, daß dadurch den Aktionären Gelegenheit zur Beteiligung geboten war. Jedoch ist es lediglich seinem Ermessen anheimgestellt, nach Lage des Falles zu entscheiden, ob diese Thatsachen ihrem Zwecke genügten. Gelangt er zur Erkenntnis, daß eine Gelegenheit zur Beteiligung nicht geboten war, so hat er die Eintragung der neuen Gesellschaft abzulehnen. —

Hat der Nachweis zufolge Abs. 5 § 78 ein der Eintragung hinderliches Ergebnis nicht geliefert, so hat der Registerrichter schließlich nur noch die Einhaltung der in § 7 und 8 gegebenen allgemeinen Vorschriften zu prüfen. Inwieweit die Bestimmung des Abs. 2 § 7, wonach die Anmeldung nur erfolgen darf, sofern von jeder in Geld zu leistenden Stammeinlage ein Vierteil, mindestens aber 250 Mark einzuzahlen sind, praktische Anwendung findet, ergiebt sich aus der Thatsache, ob neue Mitglieder hinzugetreten sind oder nicht und ob Einzahlungen seitens der Aktionärmitglieder erfolgt sind. Auch sei hervorgehoben, daß die nach § 8 Abs. 2 erforderliche Versicherung der Geschäftsführer sich in der Regel nur darauf beschränken wird, daß der Gegenstand der Leistungen sich in ihrer freien Verfügung befindet, d. h. nicht im Eigentum der neuen Gesellschaft — denn diese existiert noch nicht —, sondern daß sie, die Geschäftsführer, nach den Verkehrsanschauungen thatsächlich zu Gunsten der entstehenden Gesellschaft darüber verfügen können.

Erfolgt endlich die Eintragung der Gesellschaft m. b. H., so findet bezüglich der Veröffentlichung § 10 Anwendung. Ist jedoch die Eintragung der neuen Gesellschaft endgiltig abgelehnt, so erfolgt die Liquidation der Aktiengesellschaft nach den Bestimmungen des H.G.B's.

Kapitel IV.

Die Umwandlung als Ganzes.

Es erübrigt noch, die Umwandlung als Ganzes, wie sie sich nach den vorangegangenen, ihren einzelnen Phasen sich anschließenden Ausführungen darstellt, vom thatsächlichen und rechtlichen Standpunkte und in ihren Folgen zu betrachten.

A. Nach ihrem thatsächlichen Vorgange läßt sich die Umwandlung als die durch gesetzliche Vorschriften geregelte Verbindung der Auflösung einer Aktiengesellschaft mit der Errichtung einer Gesellschaft m. b. H. bezeichnen. Dies zeigt der in den Motiven (p. 116) zu findende Hinweis, daß, soweit nicht § 78 und 79 abändernd eingreifen, die Auflösung der Aktiengesellschaft sich nach den diesbezüglichen Bestimmungen des H.G.B.'s zu bemessen habe und ebenso für die Errichtung der neuen Gesellschaft die allgemeinen Vorschriften über Gründung einer Gesellschaft m. b. H. angewandt werden sollen, während die Verbindung selbst durch die in § 78 gegebenen Bestimmungen hergestellt wird. Da die neue Gesellschaft nach ihren wirtschaftlichen Grundlagen und nach dem Kreise der Beteiligten im wesentlichen mit der früheren Aktiengesellschaft identisch ist, so bezweckt die Umwandlung die Fortsetzung eines Unternehmens in veränderter Rechtsform.

B. Vom rechtlichen Standpunkt aus stellt die Umwandlung eine Universalsuccession auf dem Gebiete des Sozialrechts dar (Gierke S. 859 fg.). Dies folgt aus der Bestimmung des Abs. 1 § 79, wonach das gesamte Vermögen der aufgelösten Aktiengesellschaft mit Eintragung der neuen Gesellschaft auf diese von Rechts wegen übergeht. Es ist dies nicht der einzige Fall auf dem Gebiete des Aktienrechtes.

Auch bei der Fusion geht das gesamte Vermögen auf die aufnehmende Aktiengesellschaft über. Beide, Fusion und Umwandlung, beruhen auf einem Vertrage. Die Fusion auf dem von den Vertretern zweier Aktiengesellschaften geschlossenen, von den beiderseitigen Generalversammlungen genehmigten Fusionsvertrage; bei der Umwandlung bildet ein von einer Anzahl Aktionäre, die einen bestimmten Teil des Grundkapitals darstellen, geschlossener Vertrag über Errichtung einer Gesellschaft m. b. H. die Grundlage. Beide stellen ein kombiniertes Verhältnis von Auflösung der Gesellschaft und Vermögensübergang dar. Bei beiden fällt die Liquidation weg und das Kapital dient fernerhin produktiver Thätigkeit. Ebenso wie bei der Fusion nicht die Aufnahme des Erlösüberschusses eines realisierten Gesellschaftsvermögens, sondern die eines noch bestehenden Vermögens zu weiterem Wirken bezweckt wird, ebenso bildet auch bei der Umwandlung nicht der nach Versilberung der Aktiva und Bezahlung der Schulden verbleibende Nettoüberschuß das Stammkapital der neuen Gesellschaft.

Dennoch sind Fusion und Umwandlung sehr verschieden. Bei jener findet eine Verschmelzung zweier Gesellschaften in eine statt; bei dieser besteht vor wie nach nur ein Rechtssubject. Dort muß das ganze Vermögen dem Gesellschaftsverbande erhalten bleiben, hier nur ein Teil. Der der Fusion nicht zustimmende Aktionär hat kein Recht auf Auszahlung seines verhältnismäßigen Anteils am Gesellschaftsvermögen, wohl aber bei der Umwandlung. Dort bleibt trotz Universalsuccession getrennte Vermögensverwaltung (Art. 247 Zeile 1 u. 2), hier bleibt dieselbe einheitlich, wenngleich eine ähnliche Bestimmung für den Fall der Erhöhung des Stammkapitals über das Grundkapital oder beim Eintritte neuer Mitglieder bezüglich deren Stammeinlagen nicht undenkbar gewesen wäre. Während bei der Fusion eine Übertragung des Vermögens (Art. 215 Abs. 4) stattfindet (Ren. S. 807), geht es bei der Umwandlung von Rechts wegen auf die neue Gesellschaft über (§ 79 Abs. 1). Zwar sollte ursprünglich nach dem § 76 Abs. 1 des Entwurfes auch eine Übertragung des Vermögens stattfinden, allein dem Vorschlage der Reichstags-Kommission entsprechend, der auf die Beseitigung stempel- und abgabenpflichtiger Rechtsgeschäfte hinsichtlich des Vermögensüberganges bei der Umwandlung abzielte, wurde eine Abänderung in der bemerkten Weise herbeigeführt (Komm. Bericht, II. Lesung ad § 78a). Und in der That, selbst wenn man von diesem pekuniären Gesichtspunkte absieht, entspricht der Vermögensübergang von Rechts wegen im Wege der Universalsuccession der wirtschaftlichen Natur der Umwandlung mehr, als Übertragung der einzelnen Vermögensbestandteile durch besondere Übertragungsakte. Es tritt außerdem der Vorteil hinzu, daß die Schwierigkeiten vermieden werden, die sich im Falle der Identität des Vorstandes der Aktiengesellschaft mit den Geschäftsführern bei der Ausführung dieser Übertragungsakte bemerkbar machen würden.

Sucht man nach einer **Analogie** dieser auf dem Gebiete des Sozialrechtes stattfindenden Universalsuccession auf dem des Individualrechtes und zugleich einen die juristische Natur der Umwandlung charakterisierenden Vorgang, so findet man beides im Erbrechte. Wie durch den Tod eines Menschen dessen Vermögen nicht die Einheit verliert, in der es der Verstorbene besaß (Wi. § 528), so fällt auch beim Untergange der juristischen Persönlichkeit einer Aktiengesellschaft die Einheit ihres Vermögens nicht weg. In der ruhenden Erbschaft findet man eine Parallele für den Zustand des Gesellschaftsvermögens nach der Auflösung der Aktiengesellschaft, indem man die neue Gesellschaft als nascitura-Erbin betrachtet; denn auf sie geht, wenn einmal zu stande gekommen, das Vermögen der aufgelösten Gesellschaft über. Da es in seiner Gesamtheit übergeht, so ist die neue Gesellschaft Universalsuccessorin der alten.

C. Aus dieser Auffassung der Umwandlung als Universalsuccession lassen sich ohne Schwierigkeiten die allgemeinen Folgen derselben ableiten.

1. Mit Eintragung der Gesellschaft m. b. H. giebt es kein Vermögen der aufgelösten Aktiengesellschaft, keine Firma, keine Parteifähigkeit, keine Vertreter, keine Generalversammlung, keine Aktionäre mehr. Es ist nunmehr auch der liquidationsähnliche Zustand beseitigt. Zufolge der Universalsuccession ist das Eigentum

der früheren Aktiengesellschaft auf die neue Gesellschaft übergegangen. Einer besonderen Übertragung bedarf es nicht. Die bei Grundstücken nötige Umschreibung in der Eigentümerrubrik dient wie beim Erbgange lediglich der Legitimation. Sie erfolgt auf einseitigen Antrag der Geschäftsführer unter Nachweisung der den Vermögensübergang begründenden Thatsachen, nämlich der Auflösung der Aktiengesellschaft zum Zwecke der Umwandlung und der Eintragung der neuen Gesellschaft ins Handelsregister. Die Gegenstände der aufgelösten Gesellschaft, die deren nicht zu Geschäftsführern gewählte Vertreter noch besitzen, besitzen sie nur noch im Namen der Gesellschaft m. b. H. Dingliche Rechte und Forderungsrechte gehen ohne Unterschied über. Mithin sind Schuldtitel, die für oder gegen die Aktiengesellschaft lauten, wirksam für oder gegen die neue Gesellschaft, nachdem die Vollstreckungsklausel für oder gegen die neue Gesellschaft auf Grund des soeben erwähnten Nachweises erlangt ist. Nicht unerwähnt darf bleiben, daß auch Firma, Muster- und Warenzeichen, sowie Kundschaft, soweit sie vermögensrechtlich von Bedeutung sind, auf die Gesellschaft m. b. H. übergehen. In Abs. 1 § 79 hebt der Gesetzgeber den Übergang der Schulden besonders hervor.

Eine weitere Folge rechtsbeständiger Umwandlung ist neben dem Vermögensübergange, wie erwähnt, das Aufhören körperschaftlichen Nachlebens der Aktiengesellschaft. Da eine Liquidation nunmehr nicht stattfindet, so fällt sinngemäß die Anwendung der Vorschrift im Art. 246 weg, wonach die Handelsbücher der aufgelösten Gesellschaft an einem sicheren Orte 10 Jahre lang zur Aufbewahrung niederzulegen sind. Denn die neue Gesellschaft, die die Geschäfte der aufgelösten Aktiengesellschaft weiterzuführen bestimmt ist, wird als nötige Grundlage gerade die Handelsbücher nicht entbehren können.

2. Gegenüber diesen allgemeinen Folgen der Umwandlung sind im besonderen die von Wichtigkeit, die sich für die Aktionäre und Gläubiger der aufgelösten Gesellschaft ergeben.

a. Hierbei ist zwischen den Aktionären, die sich bei der neuen Gesellschaft beteiligt haben, den Aktionärmitgliedern, und den aus dem Gesellschaftsverbande austretenden zu unterscheiden.

α. Die Aktionärmitglieder verlieren mit Eintragung der Gesellschaft m. b. H. alle Rechte und Pflichten, die ihnen der Aktiengesellschaft gegenüber oblagen bezw. zustanden, und treten voll und ganz in die rechtliche Stellung von Gesellschaftern m. b. H. Wie nun das Gesetz vom 20. April 1892 im Vergleich zum Aktiengesetz das Bestreben verfolgt, die Pflichten der Mitglieder zu vermehren, die Rechte aber einer weitgehenden Abschwächung fähig macht, so ändert sich auch die rechtliche und mithin die wirtschaftliche Stellung der Aktionärmitglieder.

Während die Aktionäre als solche über den von ihnen gezeichneten Aktienbetrag nicht verpflichtet werden konnten, ist die Möglichkeit einer bis zur unbeschränkten Nachschußpflicht sich steigernden Heranziehung der Mitglieder einer Gesellschaft m. b. H. geboten. Ja, selbst Verpflichtungen, die nicht in Kapitalleistungen bestehen, können den Gesellschaftern als solchen auferlegt werden. Wenn auch diese Pflichten nur fakultativer Natur sind und bei der Umwandlung nicht begründet zu werden brauchen, so können die Mitglieder sich doch nicht der dem Aktienrechte völlig fremden Kollektivhaftung (§ 24) für Ausfälle am Gesellschaftsvermögen entziehen. Dieselbe bildet eine obligatorische Pflicht. Während demnach für die Aktionärmitglieder eine Erweiterung der Pflichten, also eine intensivere Hereinziehung der Individualsphäre in das Gesellschaftsleben als bei der Aktiengesellschaft stattfindet und in ausgedehntem Maße stattfinden kann, sind andererseits ihre Rechte sehr einschränkungsfähig. Es gilt dies weniger von den Vermögens- als vielmehr von den Verwaltungsrechten. Während bei der Aktiengesellschaft die Generalversammlung das unbedingt notwendige Organ der Gesellschaft für die Fassung der den Gesellschaftern vorbehaltenen Beschlüsse bildet, ist dies in der Gesellschaft m. b. H. nur beim Nichtvorhandensein entgegenstehender statutarischer Bestimmungen der Fall. Der einer Aktiengesellschaft unentbehrliche Aufsichtsrat tritt hier nur in Thätigkeit, wenn dies besonders bestimmt ist. Wenn auch nicht verkannt wird, daß die Anfechtungsklage der formalen Voraussetzungen in Art. 222 (190a) nicht bedarf, also ihre Erhebung erleichtert wird, so können doch die Einzelrechte der Mitglieder einer Gesellschaft m. b. H. auf einen verschwindenden Teil eingeengt werden. Die bei der Aktiengesellschaft häufigen Minderrechte sind bei der neuen Gesellschaft selten; es giebt deren drei (§§ 51, 61, 66).

Eine hervorragende Einschränkung ihrer Rechte erfahren die Aktionärmitglieder in Bezug auf die Verfügung über den Gesellschaftsanteil. Gegenüber der in der Regel leicht bewirkbaren Möglichkeit, sich der Mitgliedschaft bei einer Aktiengesellschaft zu entledigen, ist der Geschäftsanteil zufolge des Erfordernisses gerichtlicher oder notarieller Form der Abtretung (§ 15) schwer übertragbar. Es folgt, um dies nicht unerwähnt zu lassen, aus dieser dem Charakter eines Börsenpapieres widersprechenden Natur des Geschäftsanteils, selbst wenn er — ausnahmsweise, im Gegensatz zur Aktie — in einem Papiere bekundet sein sollte, daß derselbe für den Handelsverkehr nicht bestimmt ist, mithin die Anschaffung desselben zum Zwecke der Weiterveräußerung ein Handelsgeschäft im Sinne des Art. 271 nicht darstellt. Dieser Verschiedenheit der rechtlichen Stellung der Mitglieder beider Gesellschaften Rechnung tragend, hat der Gesetzgeber (arg. Mot. S. 116) Abstand genommen, einen Zwang zum Beitritt aller Aktionäre zur neuen Gesellschaft, wie etwa im Falle der Fusion oder der Umwandlung einer Aktienkommanditgesellschaft in eine Aktiengesellschaft auszuüben. Ja, er geht darin sogar so weit, daß er selbst die Aktionäre, die der Umwandlung zugestimmt haben, in keiner Weise nötigt, der Gesellschaft m. b. H. beizutreten.

β. Wie sich nun die rechtliche Stellung der der neuen Gesellschaft beitretenden Aktionäre mit deren Eintragung ändert, so wird auch die Lage der ausscheidenden eine andere. Ihr Anspruch ist nicht identisch mit dem, der ihnen bei der Liquidation zukommt. (Neukamp, Comm. S. 302.) Dieser, auf einem Sonderrechte beruhend, trägt einen sozialrechtlichen Charakter. Es zeigt sich dies darin, daß die individualrechtlichen Ansprüche der Gläubiger vor jenen befriedigt werden. Anders verhält sich dies bei der Umwandlung. Hier können die ausscheidenden Aktionäre ihre Ansprüche auf die ihnen zukommenden Vermögensanteile sofort nach Eintragung erheben. Dies folgt aus Abs. 2 § 79, wo für die Zeit der Geltendmachung dieser Rechte keine andere Schranke, als die der vorgängigen Eintragung gesetzt ist. Da die Ansprüche der der Umwandlung nicht zustimmenden Gläubiger auf Auszahlung oder Sicherstellung ihrer Forderungen ebenfalls nicht früher geltend gemacht werden können, so erfolgt also eine Gleichstellung beider Rechte. Der Anspruch des ausscheidenden Aktionärs verliert mit der Eintragung seinen sozialrechtlichen Charakter. Es steht dies im Einklange damit, daß ein körperschaftliches Nachleben der aufgelösten Aktiengesellschaft für die sich nicht beteiligenden Aktionäre und nicht zustimmenden Gläubiger nicht stattfindet. Ein Vermögen der aufgelösten Gesellschaft nach Eintragung der neuen existiert nicht mehr. Dieses Forderungsrecht gegen die Gesellschaft m. b. H. ist darin begründet, daß das mit den Ansprüchen der ausscheidenden Aktionäre belastete Vermögen der Aktiengesellschaft im Wege der Universalsuccession auf sie übergegangen ist. Der neuen Gesellschaft stehen die nicht beitretenden Aktionäre als Dritte gegenüber, d. h. letztere nehmen rechtlich die Stellung von Gesellschaftsgläubigern ein. Dies gilt auch für die Aktionäre, die nur mit einem Teile des nach der Bilanz auf sie entfallenden Anteils der Gesellschaft m. b. H. beigetreten sind bezüglich des Restes. Die naheliegende Frage, ob durch diese Gleichstellung der ausscheidenden Aktionäre mit den Gesellschaftsgläubigern nicht die Lage der letzteren beeinträchtigt werde, führt zur Erörterung der Folgen der Umwandlung für diese.

b. Die Lage der Gläubiger der aufgelösten Aktiengesellschaft wird durch die Umwandlung nicht verschlechtert. Nach Eintragung der neuen Gesellschaft ist diese alleinige Schuldnerin der Gläubiger, da ein Vermögen der Aktiengesellschaft alsdann nicht mehr existiert. Mithin kann selbst eine abgesonderte Befriedigung nicht Platz greifen. Da ferner das Stammkapital die Höhe des Grundkapitals erreichen muß, so folgt, daß die Kreditbasis mindestens sich gleich bleibt. Durch die der neuen Gesellschaft eigenartige Kollektivhaftung der Gesellschafter für Ausfälle am Stammkapital tritt sogar eine Verbesserung der Lage der Gläubiger dann ein, wenn das Vermögen der Aktiengesellschaft bei deren Auflösung den Nominalbetrag nicht erreichte. Außerdem hat der Gesetzgeber in Abs. 3 § 79 besondere Schutzmaßregeln für die Interessen der Gläubiger getroffen. Er legt daselbst den Geschäftsführern die Pflicht auf, unverzüglich nach der Eintragung die Gläubiger der Aktiengesellschaft aufzufordern, sich bei der neuen Gesellschaft zu melden. Es hat dies in den Blättern zu erfolgen, deren sich die Aktiengesellschaft bei ihren öffentlichen Bekanntmachungen bediente. Auf diese Weise erfahren die Gläubiger den in der Person der Schuldnerin eingetretenen Wechsel. Die sich meldenden Gläubiger haben die Wahl, ob sie der Umwandlung zustimmen wollen oder nicht. Im ersteren Falle willigen sie in den Wechsel der Schuldnerin ein und ihr Verhältnis zu der letzteren wird in keiner Weise berührt; andernfalls haben sie bezüglich ihrer fälligen Forderungen die Wahl zwischen Befriedigung oder Sicherstellung; bezüglich ihrer nichtfälligen Ansprüche haben sie nur ein Recht auf Sicherstellung. Dieses ist jedoch den im übrigen den Gläubigern gleichstehenden ausscheidenden Aktionären für ihre Forderungen nicht gegeben. Eine Ansicht (Förtsch, Comm. S. 176), wonach die der Umwandlung nicht zustimmenden Gläubiger wegen ihrer nichtfälligen Forderungen ein Recht auf Befriedigung haben sollen, geht aus dem Gesetze (§ 78 Abs. 3) nicht hervor und steht im Widerspruche mit der bisherigen Rechtsprechung. (R.G. Bd. IX, S. 11fg.) Ebensowenig nämlich wie der Eintritt der Liquidation nichtfällige Forderungen zu fälligen macht, ebensowenig erhalten bei der Umwandlung die nichtzustimmenden Gläubiger einen Anspruch auf Befriedigung ihrer nichtfälligen Forderungen.

Für die Einhaltung dieser, die Aufforderung der Gläubiger, ihre Befriedigung und Sicherstellung betreffenden Vorschriften macht der Gesetzgeber die Geschäftsführer in Abs. 3 § 79 persönlich und solidarisch haftbar. Dadurch wird den Gläubigern der Gesellschaft ein sonst nicht wieder vorkommendes direktes Klagrecht gegen die

Geschäftsführer gewährt, welches eine Berücksichtigung ihrer Interessen in besonderem Maße garantiert.

Die oben berührte Frage, ob durch die zufolge Gleichstellung der ausscheidenden Aktionäre und Gläubiger entstandene Konkurrenz eine Benachteiligung der letzteren sich ergiebt, ist in verneinendem Sinne zu entscheiden. Ist nämlich die Aktiengesellschaft bereits vor der Umwandlung überschuldet, so kann ein bezüglicher Antrag der Gläubiger auf Konkurseröffnung die ganze Umwandlung vereiteln. Ist das nicht geschehen, so kann mit der Umwandlung nur eine Verbesserung der Lage der Gläubiger zufolge der bereits p. 54 erwähnten persönlichen und solidarischen Haftung der Gesellschafter einer Gesellschaft m. b. H. für Ausfälle am Stammkapital eintreten. Die Gläubiger können sofort nach Eintragung der neuen Gesellschaft, also zu einer Zeit, wo neue Schulden noch nicht aufgenommen sein werden, Auszahlung ihrer fälligen Forderungen und Sicherstellung der nichtfälligen verlangen. Da dieses Recht auch durch Ansprüche ausscheidender Aktionäre nicht geschmälert werden kann, so wird die Lage der Gläubiger nicht verschlechtert. Wegen dieser weitgehenden Sicherung fällt auch für Gläubiger, wie für die diesen gleichstehenden Aktionäre das Interesse weg, welches die Einsichtnahme von Handelsbüchern einer aufgelösten Aktiengesellschaft in Art. 246 Abs. 2 rechtfertigt. Diese durch vorgängige Liquidation begründete Bestimmung entbehrt bei einer Umwandlung ihrer Daseinsberechtigung.

Schlußbemerkung.

In der Einleitung war der Nachweis erbracht worden, daß das Bestreben des Gesetzgebers dahin ging, durch Schaffung der neuen Gesellschaftsform gesunde Zustände auf dem Gebiete des Gesellschaftsrechtes herbeizuführen. Es war ferner darauf hingewiesen, daß nicht nur die in Zukunft sich bildenden gesellschaftlichen Vereinigungen davon betroffen werden sollten, sondern daß durch besondere Umwandlungsnormen insbesondere den bereits bestehenden Aktiengesellschaften, die diese Form nur wegen Fehlens einer geeigneteren gewählt hatten, Gelegenheit geboten werden sollte, die Gestalt von Gesellschaften m. b. H. anzunehmen.

Haben sich in dieser letzten Beziehung die Wünsche jener reformatorischen Strömung erfüllt?

Aus den vorstehenden Erörterungen erhellt zunächst, daß es dem Gesetzgeber gelungen ist, die Umwandlung in eine Form zu kleiden, die das Verfahren außerordentlich erleichtert. An den einzelnen Punkten war dies hervorgehoben; hier sei nur auf die hauptsächlichsten hingewiesen: Der Wegfall der Liquidation, die Vermeidung jeden Zwanges nicht zustimmender Aktionäre zum Beitritt, die Ausschließung jeder Mitwirkung der Gläubiger und endlich der geringe pekuniäre Aufwand, den das Verfahren erfordert.

Gleichwohl ist ein etwaiger Vorwurf, diese Erleichterungen seien auf Kosten der Verkehrssicherheit erreicht, nicht im mindesten begründet. Vielmehr hat die Darstellung ergeben, daß die Interessen keiner der beteiligten Parteien durch die Umwandlung gefährdet werden.

Es waren also von seiten der Gesetzgebung die Voraussetzungen zur Erfüllung der Wünsche jener reformatorischen Strömung gegeben. Und in der That, die Praxis hat auch von der dargebotenen Gelegenheit in reichem Maße Gebrauch gemacht. Von den bis zum 31. Dezember 1893 errichteten Gesellschaften sind 44 durch Umwandlungen aus Aktiengesellschaften, die zusammen ein Kapital von 25 523 700 Mark darstellen, entstanden und bis Oktober 1894 weitere sechs hinzugetreten.

Wenn auch nicht verkannt werden darf, daß die Umwandlungsbestimmungen in den ersten Jahren nach Inkrafttreten des Gesetzes vom 20. April 1892 mehr in Anwendung kommen werden als in späterer Zeit, wo die umwandlungsbedürftigen Aktiengesellschaften mehr und mehr verschwinden, so werden sie doch ihre Bedeutung nicht ganz verlieren, denn auch fernerhin wird die Erscheinung nicht selten zu Tage treten, daß Aktiengesellschaften, die sich bei ihrer Errichtung in der Wahl der Gesellschaftsform vergriffen haben, gern von der auch dann noch gebotenen Möglichkeit der Umwandlung Gebrauch machen werden.

Druck von Metzger & Wittig in Leipzig.